GRUNDKURS

Neue Wege zum Acrylbild 2

Acryl-Malkurs mit Martin Thomas

7

INHALTSVERZEICHNIS

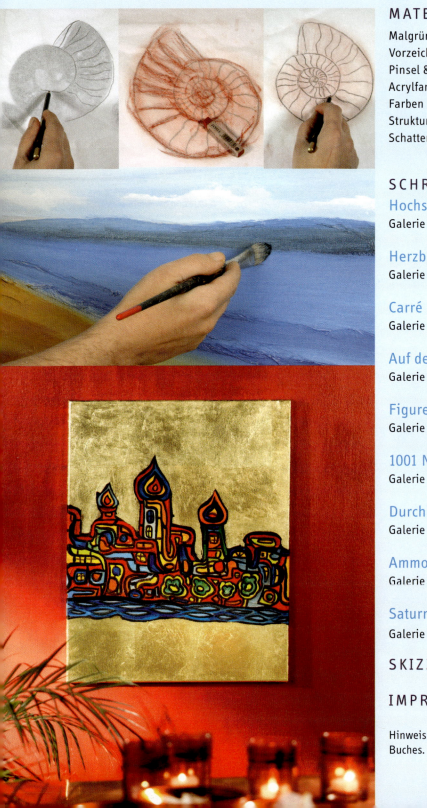

VORWORT 3

DER MALKURS MIT SYSTEM 4
Acryl-Malkurse mit Martin Thomas 4

MATERIALKUNDE UND GRUNDLAGEN 6
Malgründe 6
Vorzeichnen und Skizzieren 7
Pinsel & Co. 8
Acrylfarben 10
Farben mischen 13
Strukturmaterialien 14
Schattenfugenrahmen 15

SCHRITT FÜR SCHRITT 16
Hochstapler 16
Galerie – Tipps und Tricks 21

Herzblut 22
Galerie – Tipps und Tricks 27

Carré 28
Galerie – Tipps und Tricks 34

Auf der Düne 36
Galerie – Tipps und Tricks 42

Figuren 44
Galerie – Tipps und Tricks 49

1001 Nacht 50
Galerie – Tipps und Tricks 56

Durchblick 58
Galerie – Tipps und Tricks 64

Ammonit 66
Galerie – Tipps und Tricks 72

Saturn 74
Galerie – Tipps und Tricks 82

SKIZZEN 84

IMPRESSUM 88

Hinweis: Der Schwierigkeitsgrad der Motive steigert sich im Verlauf des Buches.

VORWORT

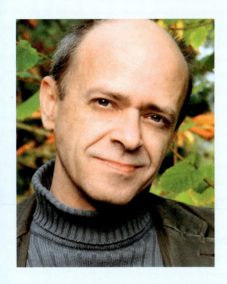

Herzlich willkommen zu „Neue Wege 2"!

Nachdem meine Reihe „Acrylmalkurs mit Martin Thomas" so großartig bei Ihnen angekommen ist und die Nachfrage nach einem weiteren Grundkurs immer lauter wurde, habe ich mich entschlossen, „Neue Wege 2" für Sie zu malen und zu schreiben.

Auch in diesem Band möchte ich Ihnen neue Ideen und einfache Wege in die Acrylmalerei aufzeigen. Dafür habe ich mir einiges für Sie einfallen lassen. Ob Sie Landschaften mit Seidenpapier modellieren, Versteinerungen dekorativ mit Strukturpaste gestalten oder eine Komposition aus mehreren Keilrahmen schaffen – ich führe Sie Schritt für Schritt zu Ihrem persönlichen Bild. Auf den Galerieseiten finden Sie eine Fülle von Anregungen für weitere interessante Motive und auf der DVD können Sie mir in bewährter Weise beim Malen über die Schulter schauen.

Ich bin sicher, dass Ihnen meine neuen Bildideen großen Spaß machen werden! Für die Umsetzung wünsche ich Ihnen alles Gute und natürlich viel Erfolg.

Ihr

Martin Thomas

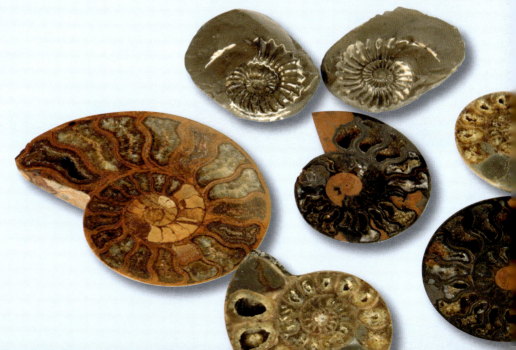

ACRYL-MALKURSE MIT MARTIN THOMAS

„Neue Wege zum Acrylbild 2" stellt den zweiten Grundkurs einer Reise in die weite Welt der Acrylmalerei dar. Auf dieser Reise können Sie sich Ihre ganz eigene Malkurs-Bibliothek zusammenstellen – mit Sujets und Techniken, die Sie interessieren und an denen Sie arbeiten wollen.

Auf den folgenden Seiten finden Sie Wissenswertes zum Handwerkszeug: Malgründe, Farben, Pinsel sowie eine kurze Einführung in das wichtige Thema Farben mischen. Anschließend zeige ich Ihnen Schritt für Schritt verschiedene geeignete Motive sowie die notwendigen Techniken.

Schritt für Schritt

Sie erlernen den Umgang mit Acrylfarben auf der Basis aktueller Motive, die sicher einen Platz in Ihrer Wohnung finden. Gleichzeitig bringe ich Ihnen das grundsätzlich notwendige Know-how bei, damit Sie genau das auf Leinwand umsetzen können, was Sie möchten – ob Sie sich ein bestimmtes Bild für die Wohnung wünschen oder das Malen als Weg zur Entspannung entdeckt haben. Spielen Sie mit der Farben- und Formenvielfalt, mit Stimmungen, Licht und Schatten; lernen Sie verschiedene Techniken kennen – und schaffen Sie so Ihr ganz eigenes, individuelles Werk!

Galerie – Tipps und Tricks

Die „Galerieseiten" zu jedem vorgestellten Motiv geben Anregungen zum Experimentieren, Ausprobieren und Variieren. Dort finden Sie eine Ideensammlung mit zahlreichen weiteren Motiven sowie Tipps und Hinweisen, die zum Gelingen beitragen.

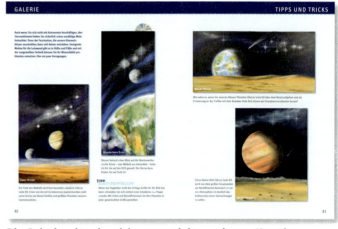

Die Galerieseiten inspirieren zu vielen weiteren Kreationen.

Auf einen Blick: Motiv, Material und Farben

Schritt für Schritt zum Acrylbild

DER MALKURS MIT SYSTEM

Die DVD

Auf der beigelegten DVD können Sie mir beim Malen über die Schulter schauen. Anhand von drei Motiven folgen Sie mir auf dem Weg von der noch leeren Leinwand bis hin zum fertigen Bild – vom Auftragen der ersten Farbschicht bis zum letzten Pinselstrich und Feinschliff. Sie sehen, wie man eine Vorzeichnung macht, Strukturen mit Modellierpaste anlegt, Details ausarbeitet und mit Blattmetall vergoldet. Darüber hinaus erhalten Sie jede Menge Profi-Tricks für das Malen von Bildern mit Acrylfarben.

Wissenswertes und raffinierte Techniken
- Farben mischen mit Martins Farbmischkarten
- Strukturen mit Seidenpapier
- Effekte durch Dripping
- Bilder grafisch aufpeppen

Motiv 2: „Jurassic Park" – Variante zum „Ammonit"
- Vorzeichnung mit Aquarellstift
- Strukturen mit Modellierpaste anlegen
- Feinheiten mit dem Colour shaper
- Farbe mit dem großen Borstenpinsel auftragen
- Tiefen mit Vandyckbraun
- Hintergrund und letzte Details
- Ideen-Galerie

Motiv 1: „Sacré-Cœur" – Variante zu „1001 Nacht"
- Vorzeichnung mit Aquarellstift
- Motiv farbig ausarbeiten
- Farbflächen mit Schwarz begrenzen
- Hintergrund mit Schwarz auffüllen
- Mit Blattmetall vergolden
- Signatur mit dem Spitzpinsel
- Ideen-Galerie

Motiv 3: „Wunderbare Erde" – „Saturn" variiert
- Hintergrund/Weltall anlegen
- Erde komplett ausarbeiten
- Weiß für Wolken, Schnee und Atmosphäre auftragen
- Sterne einsprenkeln
- Lichtkreuze gestalten
- Mond als Highlight
- Ideen-Galerie

Internationaler Innovationspreis
für die Reihe „Acryl-Malkurs mit Martin Thomas"

Nicht nur bei den Leserinnen und Lesern kam der Malkurs sehr gut an, auch die Fachbranche ist von der Reihe begeistert. Das Ergebnis: **1. Platz beim internationalen Innovationspreis „Creative Impulse 2006"**. Aber damit nicht genug!
Für den **weltgrößten Simultan-Malkurs** mit über 1000 Teilnehmern in Leipzig gab es den Eintrag in das Guinness-Buch der Rekorde und Platz 2 für die **beste Marketing-Aktion des Jahres**. Und zum krönenden Abschluss wurde Martin Thomas zum **kreativen Kopf des Jahres 2007** gekürt.
Herzlichen Glückwunsch, Martin!

Martin Thomas, Programmleiterin Dr. Christiane Voigt und Marketingleiter Michael Zirn

Und nun – viel Spaß in der weiten Welt der Acrylmalerei!

5

MALGRÜNDE

Acrylfarben können aufgrund ihrer guten Haftung auf zahlreichen Untergründen wie Papier, Karton, Holz, Pappe, Spanplatte und Leinwand verarbeitet werden. Allerdings muss der Untergrund unbedingt fettfrei sein. Für die Motive im vorliegenden Buch habe ich ausschließlich den gebräuchlichsten Malgrund, nämlich fertig bespannte Keilrahmen, verwendet.

Keilrahmen

Die Bezeichnung Keilrahmen kommt von den Holzkeilen, mit denen das Maltuch (Leinwand) gespannt wird. Fertige Keilrahmen sind meist mit einem strapazierfähigen Baumwollgewebe mittelstarker Struktur bezogen. Sie sollten möglichst rückseitig geklammert sein, sodass die Keilrahmenseiten in die Bemalung mit einbezogen werden können. Damit hat man mehr Gestaltungsmöglichkeiten.

Keilrahmen gibt es in den unterschiedlichsten Bespannungen und Stärken. Neben den üblichen Keilrahmen mit einer Rahmenstärke von 20 Millimeter und einem Tuchgewicht von 300 g/m² gibt es Galerie- oder Vernissagerahmen. Diese haben eine Rahmenstärke von 38 bis 50 Millimeter. Bei diesen Rahmen können Sie die Kanten in die Bildgestaltung einbeziehen und benötigen daher keinen Bilderrahmen für Ihr Werk. Alle Fertigkeilrahmen sind normalerweise bereits gebrauchsfertig mit einem so genannten Gesso-Weiß grundiert.

AUSKEILEN

Manchmal lässt die Spannung der Leinwand im Laufe der Zeit etwas nach. Dann kann man sie mit den Hartholzkeilen nachspannen, die jedem fertigen Keilrahmen beiliegen. Dazu einfach die Keile in die Ecken des Keilrahmens einsetzen und mit einem Hammer festschlagen.

MATERIALKUNDE UND GRUNDLAGEN

VORZEICHNEN UND SKIZZIEREN

Viele Bilder beginnen mit einer Vorzeichnung und der Übertragung auf die Leinwand. Auf den Seiten 84 bis 87 finden Sie meine Skizzen zu einigen der im Buch vorgestellten Motive. Für den Fall, dass Sie lieber eine Skizze verwenden statt frei vorzuzeichnen, können Sie diese entweder mit Papier übertragen oder mit der Rastertechnik arbeiten. Am besten probieren Sie einfach aus, welche Methode Ihnen besser liegt.

Übertragen mit Papier

Die Originalvorlage kann entweder eine Skizze oder, wie in diesem Fall, ein Foto sein.

Zuerst legen Sie ein Stück Transparent- oder Seidenpapier auf die Vorlage und fahren die Konturen und die sichtbaren Details mit einem dunklen Stift nach.

Jetzt reiben Sie die Rückseite des Papiers zart mit einer Pastellkreide ein.

Zuletzt fixieren Sie das Papier mit einem Klebestreifen auf der Leinwand und ziehen die Konturen mit einem harten Bleistift nochmals nach. Dadurch überträgt sich die Pastellkreide auf die Leinwand und Ihre Vorzeichnung ist schon fertig!

Rastertechnik

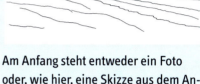

Am Anfang steht entweder ein Foto oder, wie hier, eine Skizze aus dem Anhang, auf die Sie ein Rastergitter aus Quadraten übertragen.

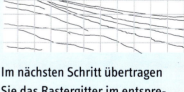

Im nächsten Schritt übertragen Sie das Rastergitter im entsprechenden Größenverhältnis auf die Leinwand.

Anschließend übertragen Sie das Bild mit einem Aquarell- oder Rötelstift, der später durch den Farbauftrag verschwindet. Für Flächen, die später dunkel eingefärbt werden, können Sie auch einen Kohlestift verwenden.

PINSEL & CO.

Als Einsteiger unterschätzt man häufig die Bedeutung des Pinsels. Gerade er prägt jedoch im Zusammenspiel mit Leinwand und Farbe den Charakter eines Bildes. Greifen Sie daher nie zur billigsten Qualität. Sonst ärgern Sie sich ständig über ausgelöste Pinselhaare in Ihrer Arbeit, die sich nur schwer entfernen lassen.

Mein persönliches Motto: Ein billiger Pinsel macht auch ein billiges Bild! Bei meinen Kursen benutze ich deshalb nur hochwertige Künstlerpinsel namhafter Hersteller. Die Vorzüge dieser Pinsel kommen besonders gut bei weichen Verläufen sowie bei der Exaktheit der Konturen in den Bildern zur Geltung. Pinsel variieren je nach Hersteller in der Größe.

Katzenzungenpinsel synthetisch
Dieser Pinsel eignet sich für fast alle Arbeiten. Er zeichnet sich durch ein sehr elastisches Haar aus Synthetik aus, das am Ende der Spitze besonders weich ist. Ob zarter Strich, großflächige Verläufe oder ein satter Farbauftrag – mit diesem Pinsel sind Sie immer bestens gerüstet.

Katzenzungenpinsel Borste
Borstenpinsel geben in der Malerei immer eine leichte Struktur der Borste mit. Für eine grobe, plakative Malerei oder Bilder mit dickem Farbauftrag eignen sich diese Pinsel vorzüglich.
Übrigens: Im Laufe der Zeit verändert sich die Form eines Katzenzungenpinsels und zwar passt er sich durch Abrieb der individuellen Pinselführung des Künstlers an. Achten Sie mal darauf!

MATERIALKUNDE UND GRUNDLAGEN

Spitzpinsel synthetisch

Der Pinsel fürs Feine! Spitzpinsel sind meine erste Wahl für kleine und detailgenaue Arbeiten wie das Ausarbeiten von Wellen (Seite 41) oder das Verbreitern der Konturen beim Motiv 1001 Nacht.

Großer runder Borstenpinsel

Auch Kapselpinsel genannt. Mein erklärter Lieblingspinsel für das großzügige Anlegen von Flächen (siehe Seite 46). Aber er eignet sich auch für viele andere Aufgaben. Sie können damit u. a. Umrisse anlegen und Schattierungen gestalten.

Großer Flachpinsel

Gibt es sowohl in Synthetik- als auch in Naturhaar. Die Anwendungsmöglichkeiten dieses Pinsels sind breit gefächert. Je nach Einsatzgebiet benutze ich den entsprechenden Flachpinsel: zum Anlegen von Blattmetall sowie für lasierende Farbaufträge die Synthetik-Ausführung, den Naturhaarpinsel dagegen für das Ausarbeiten von Strukturen wie Gras oder Fell.

Fächerpinsel

Mit diesem Pinsel können Sie beispielsweise ganz zart Gräser einziehen (siehe Seite 41) oder Bäume ausarbeiten.

Colour shaper

Auch Rubber brush genannt. Ein Pinsel mit einer Weichgummispitze, mit dem Sie Strukturen und Vertiefungen in noch feuchte Modellierpaste oder Farbe einziehen können (siehe Seite 68). Colour shaper gibt es in verschiedenen Formen für unterschiedliche Strukturen. Testen Sie selbst, welche Form Ihnen am besten gefällt.

Spezialspachtel

Diese Spachtel ist universell einsetzbar. Ich benutze sie häufig für meine Arbeiten, da sie aufgrund ihrer Form sehr viele Einsatzmöglichkeiten bietet. Sie ist hervorragend für Landschaften, aber auch für abstrakte Bilder geeignet. Mit der Spezialspachtel können Sie sowohl einfach durch das Bild kratzen als auch unterschiedlich große Flächen ausarbeiten.

ACRYLFARBEN

Acrylfarben können innerhalb der Malerei vielseitig eingesetzt werden. Im Gegensatz zur Ölfarbe sind sie geruchsneutral. Die mit Wasser verdünnbaren Kunststofffarben trocknen schnell und sind im getrockneten Zustand wasserfest. Eine zusätzliche Lackierung ist nicht nötig. Solange sie noch feucht sind, können sie mit Wasser und evtl. etwas Seife entfernt werden. Deshalb sollten Malgeräte in Wasser gereinigt werden, bevor die Farbe angetrocknet ist.

Sie erhalten Acrylfarben in verschiedenen Qualitäten, entweder in Tuben oder in Flaschen von 35 ml bis 1000 ml. Ich arbeite hauptsächlich mit Flaschen, für den Einstieg in die Acrylmalerei genügen auch Tuben.

Lichtechtheit von Acrylfarben

Heutige Acrylfarben verfügen meist über eine hohe Lichtechtheit. Damit bezeichnet man die Widerstandsfähigkeit einer Farbe gegenüber Licht. Starke Lichtstrahler oder Sonnenbestrahlung führen zu einem Ausbleichen der Pigmente. Die Lichtechtheit wird in der Woll-Skala von 1 bis 8 angegeben, wobei der Wert 1 für nicht lichtecht steht, der Wert 8 für hochgradig lichtecht.
Die Farbhersteller benutzen unterschiedliche Symbole wie Sternchen, Kreuze oder Kreise für diese Werte. Achten Sie daher auf das „Kleingedruckte".

Deckungsgrad von Acrylfarben

Acrylfarben haben je nach Hersteller oder Farbton unterschiedliche Deckungsgrade von transparent lasierend über leicht deckend bis deckend. Der Deckungsgrad hängt von verschiedenen Faktoren wie Anzahl der weißen Pigmente sowie Qualität und Eigenschaften der Pigmente ab. Auch hier verwenden die Hersteller unterschiedliche Symbole, auf die Sie beim Kauf Ihrer Farben achten sollten.

MATERIALKUNDE UND GRUNDLAGEN

Verdünnbarkeit von Acrylfarben
Acrylfarben für die Malerei sind heutzutage in der Regel lösungsmittelfrei und mit Wasser verdünnbar. Dies erleichtert auch die Reinigung von Pinseln und Spachteln.
Allerdings sollte man Wasser grundsätzlich nur vorsichtig und sparsam zur Farbe geben, da sich der Verbund zwischen Pigment und Bindemittel auflösen kann und dann keine optimale Haftung auf der Leinwand mehr gewährleistet ist.

Hobby-Acrylfarben
Diese Farben besitzen meist keine hohe Pigmentdichte und sind oft mit weißen Pigmentanteilen untermischt. Daher fehlt ihnen in der Regel die Brillanz. Häufig sind auch Füllstoffe enthalten, die zu einem niedrigeren Deckungsgrad führen. Für das Malen auf Leinwand sind sie weniger gut geeignet.

Farbunterschied einer Hobbyfarbe zu einer professionellen Künstleracrylfarbe

Akademie- und Studienqualitäten
Diese Farben werden für großflächige Arbeiten, Untermalungen und Spachteltechniken benutzt. Sie verfügen über eine hohe Brillanz, haben aber im Gegensatz zu professionellen Farben eine nicht so hohe Pigmentdichte. Da diese Farben jedoch zu sehr attraktiven Preisen angeboten werden, sind sie die meist verwendete Farbgruppe. Auch in diesem Buch werden sie bei den meisten Arbeiten eingesetzt.

Trockenzeiten von Acrylfarben
Im Vergleich zur Ölfarbe trocknet Acrylfarbe sehr schnell: zwischen fünf und 50 Minuten. Aus diesem Grund sind sie als Malfarben für schnelle Bilder beliebt. Sie können bei Bedarf die Trockenzeit mit Retarder (Trocknungsverzögerer) verlängern, wenn Sie beispielsweise Verläufe in Ruhe gestalten möchten. Bei sehr dicken Schichten ist natürlich eine längere Trockenzeit erforderlich, manchmal sogar über Nacht.

Acrylfarben in Künstlerqualität
Professionelle Acrylfarben werden so aufwendig und qualitativ hochwertig produziert, dass sie sich in Brillanz und Vermalbarkeit fast nicht von einer Ölfarbe unterscheiden. In der Herstellung laufen bei dieser Farbsorte Pigment und Bindemittel über einen Walzenstuhl. Dieser verbindet durch unterschiedlich schnell drehende Walzen Pigment und Bindemittel zu einer optimalen Emulsion, die aufgrund ihrer Pigmentdichte und Beschaffenheit auch eine höhere Dosierung und Zugabe von Verdünnungsmittel verträgt. Ich benutze diese Qualität beispielsweise für feinste Details.

Firnis
Firnis ist ein farbloser, elastischer Überzug zum Versiegeln der Bildoberfläche. Grundsätzlich ist ein Abschlussfirnis bei Acrylfarben, vor allem bei dickem Farbauftrag, nicht notwendig. Er bietet jedoch Schutz gegen Umwelteinflüsse wie Wasser, Schmutz, Nikotin usw., sodass die Bilder auch nach Jahren noch leicht abgewaschen werden können. Es gibt matten, seidenmatten und glänzenden Acrylharz-Firnis in flüssiger Form und zum Sprühen. Ich empfehle matten Firnis, da glänzender Firnis zu störenden Reflexionen durch Licht führen kann.

Hersteller und ihre Farben

Künstlerfarben sind in den Farbwerten nicht genormt. Ein Farbton kann je nach Hersteller unterschiedliche Nuancen aufweisen. Die folgende Liste der Farben, die wir bei den vorgestellten Bildern verwenden, hilft Ihnen beim Einkauf, den richtigen Farbton (und mögliche Ausweichprodukte) zu finden. Ich habe vor allem Studienqualitäten aufgelistet. Künstlerqualitäten wie z. B. PRIMAcryl von Schmincke, LUKASCRYL liquid/pastos von Lukas oder Rubens Premia von Nerchau sind durch ▼ gekennzeichnet. Die Farbnamen und das Farbprogramm können sich im Lauf der Zeit ändern.

FARBE	SCHMINCKE	TALENS	NERCHAU	LUKAS	REEVES	AQUATEC
TITANWEISS	x	x	x	x	x	x
NEAPELGELB	x	x	Neapelgelb dunkel ▼	–	x	–
SANDTON	Sand	–	–	–	Sand	–
LICHTER OCKER	x	Gelber Ocker	x	x	Ockergelb	x
KADMIUMGELB	Kadmiumgelbton	Azogelb zitron	Echtgelb dunkel ▼	Kadmiumgelb hell	Mittelgelb	x
JAUNE INDIEN	x	Azogelb	x	x ▼	Dunkelgelb	x
ORANGE	x	Azo-Orange	Permanentorange ▼	Kadmiumorange	x	x
SCHARLACHROT	Zinnoberrot	Naphtholrot mittel	Kadmiumrot hell ▼	Kadmiumrot hell	Zinnoberrot	Kadmiumrot
MAGENTAROT	Magenta	–	x	Magenta (Primaire-Rot)	–	Krapprot
KARMINROT	x	x	x	Kadmiumrot dunkel	Brillantrot	Karmesinrot, etwas dunkler
KRAPPROT DUNKEL	Krapp dunkel ▼	Perm. Krapplack	Krapprot	Krapprot ▼	Krapplack Rosa	Karmesinrot, etwas heller
TERRAKOTTA	x	Englischrot	Terra di Siena gebrannt	Terra di Siena natur	x	Englischrot
VANDYCKBRAUN	x	x	Van Dyck Braun ▼	x	Umbra Natur	Umbra gebrannt
COELINBLAU	x	alternativ Brillantblau	x	x	x	x
PRIMÄRBLAU	–	Primärcyan	–	Primaire-Blau	–	Königsblau
KOBALTBLAU	Kobaltblauton dunkel	x	x	x	x	x
PREUSSISCHBLAU	x ▼	x	x ▼	Pariserblau	–	–
ULTRAMARINBLAU	x	x (rötlicher)	x	x	x	x
VIOLETT	Brillantviolett	Permanent blauviolett	Violett	Permanentviolett	x	x
PHTHALOBLAU	x	x	x	Helio-Echtblau ▼	x	x
PHTHALOGRÜN BLÄULICH	x ▼	–	Phthalogrün	–	Chromoxidgrün feurig	Phthalogrün
MAIGRÜN	x	Gelbgrün	–	Chromgrün hell	Hellgrün	–
LAUBGRÜN	x	Permanentgrün dunkel	Permanentgrün dunkel	Chromgrün dunkel ▼	Grasgrün	Chromoxidgrün
OLIVGRÜN	x	Saftgrün	x ▼	Chromoxidgrün stumpf	Chromoxidgrün	–
SCHWARZ	Lampenschwarz	Oxidschwarz	Schwarz	Eisenoxidschwarz	Marsschwarz	Marsschwarz
GOLD	x	Goldfarbe	Perlgold ▼	x	Metallicgold	

MATERIALKUNDE UND GRUNDLAGEN

FARBEN MISCHEN

Es gibt in der Malerei verschiedene Systeme zum Mischen von Farben. Da mir die meisten von ihnen zu kompliziert für Einsteiger erscheinen, habe ich die im Buch enthaltenen Farbmischkarten entwickelt. Mit diesen Karten möchte ich Sie zu einem geübten Auge beim Farbenmischen hinführen. Mein System basiert im Prinzip auf jeweils zwei Grundfarben, die zusammengeführt werden.

Eine der wichtigsten Regeln beim Mischen von Farben lautet: **Geben Sie grundsätzlich die dunklere Farbe dem helleren Farbton zu!** Dies machen Sie so lange, bis Sie den gewünschten Farbton auf der Farbmischkarte erzielt haben. Zur Verdeutlichung habe ich das für Sie auf der DVD demonstriert.

So setzen Sie die Farbmischkarten ein: Legen Sie einfach die entsprechende Karte auf Ihre Motivvorlage und entscheiden Sie, welchen Farbton Sie benötigen. Dann die Farbmischung ablesen und die beiden dafür angegebenen Farben mischen.

Auf dem Foto sehen Sie die Farbmischkarte für die natürlichen Grüntöne. Dafür verwende ich Maigrün und Coelinblau in verschiedenen Mischungen. Die Grundfarben habe ich jeweils links und rechts neben die Mischtöne gestellt. Für alle Mischungen gilt auch hier die oben erwähnte Grundregel. Also geben Sie langsam und vorsichtig Coelinblau zum Maigrün hinzu, bis der gewünschte Mischton entstanden ist.

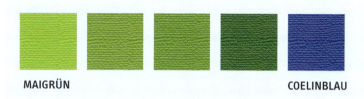

MAIGRÜN   **COELINBLAU**

Da die Pigmentdichte und daher auch die Leuchtkraft bei den Farbherstellern unterschiedlich sind, habe ich bei den Farbmischkarten absichtlich auf prozentuale Angaben verzichtet.

> **Mein Tipp:** Falls ein Farbton nicht abgebildet sein sollte, erweitern Sie einfach meine Farbmischkarten auf einem Stück Malpappe oder Karton! Sie werden schnell merken, wie nützlich diese Karten bei Ihren zukünftigen Bildern sind.

STRUKTURMATERIALIEN

Gegenüber anderen Maltechniken hat die Acrylmalerei viele Vorteile. Acrylfarben trocknen sehr schnell, sind fast geruchlos, lösungsmittelfrei und haben eine hohe Leuchtkraft. Beim Trocknen verlieren sie jedoch auch einen Großteil ihres Volumens. Deshalb fehlen bei manchen Techniken hochstehende Strukturen, die das Bild interessant machen. Hier können verschiedene Mittel Abhilfe schaffen. Ich möchte Ihnen hier einige vorstellen, die ich auch in diesem Buch verwendet habe. Mein Rat: Setzen Sie diese Hilfsmittel nur ganz gezielt ein. Der Effekt ist dadurch umso größer! Und noch was: Hilfsmittel erhöhen in der Regel die Trockenzeiten um ein Vielfaches. Dies müssen Sie bei Ihrer Arbeit unbedingt berücksichtigen.

Strukturpasten

Mittlerweile gibt es eine riesige Auswahl an Strukturpasten mit unterschiedlichen Füllstoffen, die nach dem Trocknen hochstehend bleiben. Diese Füllstoffe können beispielsweise Sand, kleine ultraleichte Kunststoffkügelchen, Glasperlen oder Steinchen sein.

Strukturgele

Hier handelt es sich um transparente Malmittel, die man direkt mit Farbe mischen kann. Die Farbe wird zwar beim Untermischen transparenter, dies macht sich jedoch bei einem dicken Farbauftrag nicht bemerkbar.
Gele eignen sich vorzüglich auch als Klebematerial für Collagen oder mit Wasser verdünnt als ein Versiegler (Firnis) zum Schutz fertiger Bilder.

Seidenpapiere

Ein ganz besonderer Trick, um Strukturen zu erzeugen, sind Seidenpapiere. Der Vorteil dabei liegt in der Lebendigkeit der Strukturen und der leichten Formgebung mit einem Pinsel. Und so geht's:

1. Zuerst wird der Untergrund der strukturierten Fläche mit Titanweiß, das ruhig mit Wasser verdünnt sein kann, eingestrichen.

2. Auf diese eingestrichene Fläche legen Sie das Seidenpapier auf. Es verbindet sich sofort mit der Farbe auf der Leinwand. Zusätzlich bestreichen Sie auch die noch trockene Vorderseite des Seidenpapiers mit weißer Farbe. Nun können Sie das Papier einfach mit einem Borstenpinsel in die gewünschte Form bringen.

3. Nach dem Formen der Strukturen sollte das Seidenpapier bis zu 24 Stunden trocknen. Anschließend können Sie problemlos die Struktur mit Farbe ausarbeiten.

Tipp: Formen Sie sich doch einmal eine Mohnblüte in dieser Technik heraus. Das geht so ganz leicht!

MATERIALKUNDE UND GRUNDLAGEN

SCHATTENFUGENRAHMEN

Sie möchten Ihre Bilder gern selbst rahmen? Das ist heutzutage überhaupt kein Problem. Entsprechendes Material erhalten Sie im gut sortierten Fachhandel. Besonders effektvoll sind Schattenfugenrahmen, die ich sehr gerne für meine Bilder benutze. Schattenfugenrahmen gibt es in zwei Versionen: vorgefertigte Rahmen aus unbehandeltem Naturholz und Einzelleisten, die sich beliebig kombinieren lassen. Ich stelle Ihnen hier die zweite Version vor.

Für einen Rahmen brauchen Sie 2 x 2 Leisten in der gewünschten Größe. Daher sind diese Leisten im Handel immer im 2er-Pack erhältlich. Außerdem die passenden Schrauben sowie zwei trapezförmige Möbelkeile, die sich in der Regel bereits in der Packung befinden.

Zuerst legen Sie die Leisten im rechten Winkel aneinander. Sie sehen im Bild sehr schön den eingefrästen trapezförmigen Schlitz, in den der Möbelkeil versenkt wird. Durch den Möbelkeil erhält der Keilrahmen bereits eine große Stabilität. Diese können Sie noch erhöhen, indem Sie zusätzlich etwas Weißleim in die Fugen der Leisten geben.

Dann treiben Sie mit einem Hammer, am besten mit einem Gummihammer, den Möbelkeil in die vorbereitete Nut.

Zum Schluss bemalen Sie den fertigen Rahmen an der Innenseite mit einer Kontrastfarbe, gegebenenfalls etwas dunkler oder heller. Bei diesem Bild dominieren die Farben Rot, Orange und Pink, deshalb habe ich die Fugen in Violett ausgemalt. Als Kontrast wählte ich eine Mischung aus Titanweiß und Magenta, die ich mit einem Haushaltsschwamm einfach aufgetupft habe. Nach dem Trocknen wird das Bild mit den beigelegten Schrauben im Abstand von ca. einem halben Zentimeter (je nach Hersteller können diese Breiten variieren) von der Rückseite her eingeschraubt.

Auf diese Weise verhindern Sie übrigens auch ein Verziehen des Keilrahmens, was besonders bei günstigen Rahmen hin und wieder vorkommt.

So sollte Ihr Schattenfugenrahmen nun zusammengefügt sein.

HOCHSTAPLER

Wie wäre es zur Abwechslung mit einer Leinwandskulptur, die an der Wand dreidimensionale optische Wirkung widerspiegelt? Mit wenigen Strichen können Sie auf diese Weise eine regelrechte Skulpturenallee an Ihrer Wohnzimmerwand erschaffen.
Natürlich muss es nicht unbedingt in Grün und Gelb sein. Probieren Sie mal die Farben eines Regenbogens oder einfach eine Kombination aus Orange- und Rottönen aus. Für Experimentierfreudige gibt es zahllose Möglichkeiten.

LERNZIELE
- Farben direkt auf der Leinwand mischen
- Skulpturen aus Keilrahmen erstellen
- Raffinierte Effekte durch Collagetechnik

FARBEN

 KADMIUMGELB   PREUSSISCHBLAU   PHTHALOGRÜN BLÄULICH   MAIGRÜN

MATERIAL

- Keilrahmen in verschiedenen Größen, z. B. 40 cm x 40 cm, 30 cm x 30 cm und 15 cm x 15 cm
- 4 Schrauben, ca. 3 cm lang
- Akkuschrauber oder Schraubenzieher
- Graupappe, 2 mm stark
- Heavy-Body-Gel
- 20er Katzenzungenpinsel, Borste

HOCHSTAPLER

1 Verschrauben Sie die Leinwände von der Rückseite her so, dass die Schrauben jeweils in den darunter liegenden Keilrahmen eindringen.

2 So könnte Ihre Arbeit von vorne betrachtet jetzt aussehen.

3 Nun beginnen Sie, Ihr Bild mit der hellsten Farbe – in diesem Fall Kadmiumgelb – mit kurzen Strichen auf der kleinen Leinwand auszuarbeiten.

4 Anschließend tragen Sie, ebenfalls mit kurzen Strichen, Maigrün auf die mittlere Leinwand auf. Damit sich die Farben nahezu stufenlos vermischen, lassen Sie das Maigrün zur gelben Leinwand langsam auslaufen.

SCHRITT FÜR SCHRITT

5 Als Nächstes bringen Sie eine Mischung aus Phthalogrün bläulich und Maigrün auf.

6 Mit einer Mischung aus Phthalogrün bläulich und Preußischblau setzen Sie den Pinsel an der Unterkante der größten Leinwand auf und ziehen einen Verlauf in die maigrüne Fläche hinein.

ZWISCHENBILANZ
So sollte Ihr Bild nun aussehen.

HOCHSTAPLER

7 Aus der Graupappe schneiden Sie jetzt drei unterschiedlich große Dreiecke heraus.

8 Die ausgeschnittenen Dreiecke färben Sie kräftig wie folgt: das kleinste in Kadmiumgelb, das mittlere in Maigrün und das größte in Phthalogrün bläulich.

9 Nach dem Trocknen befestigen Sie die Dreiecke mit etwas Heavy-Body-Gel auf den verschiedenen Leinwänden. Spielen Sie ruhig ein bisschen, um verschiedene Varianten auszutesten.

Kaum zu glauben, wie schnell diese „Hochstapelei" entstanden ist. Am besten versuchen Sie es selbst!

TIPPS UND TRICKS

Schnell gemalt und sehr effektvoll – das gilt für alle Varianten vom Hochstapler. Hier zwei weitere Anregungen für Sie. Selbstverständlich können Sie die kleinen Leinwandskulpturen auch in Ihren Lieblingsfarben gestalten.

Sonnenuntergang

Aus diesem turboschnellen Motiv heraus habe ich den späteren Hochstapler entwickelt. Und weil mir die schlichte Variante so gut gefällt, wollte ich sie Ihnen nicht vorenthalten. Die drei Keilrahmen lassen sich natürlich problemlos auch anders zusammenstellen. Probieren Sie es einfach mal aus!

Pfauenauge

Dieses Motiv wurde mit kurzen Pinselstrichen von den hellen Flächen ausgehend gearbeitet. Sie sehen, es muss nicht immer glatt ausgemalt sein. Auch solche Strukturen haben ihren besonderen Reiz.

TIPP
STATT SCHRAUBEN

Wenn Sie handwerklich nicht so ambitioniert sind, können Sie die Keilrahmen auch mit Heavy-Body-Gel auf der Trägerplatte befestigen. Beachten Sie dabei, dass sich die Trockenzeit erhöht, je dicker das Gel aufgetragen wird.

HERZBLUT

Zweifelsohne gehört das Herz zu den beliebtesten Motiven in der plakativen Malerei. Ich zeige Ihnen hier eine ungewöhnliche Variante mit einer raffinierten Technik. Dripping („tröpfeln") wurde von dem bedeutenden amerikanischen Action-Painting-Künstler Jackson Pollock (1912–1956) entwickelt. Wandeln Sie auf seinen Spuren, lassen Sie Ihren Gefühlen freien Lauf und spielen Sie mit den Farben. Sie werden sehen, es macht richtig Spaß!

LERNZIELE

- Dripping mit verdünnter Acrylfarbe
- Farbverläufe durch Wasserauftrag
- Freie Pinseltechnik

FARBEN

| TITANWEISS | SCHARLACHROT | PREUSSISCHBLAU | ULTRAMARINBLAU |

MATERIAL

- Keilrahmen, mind. 60 cm x 80 cm
- Kleiner Kunststoffbecher
- Großer runder Borstenpinsel

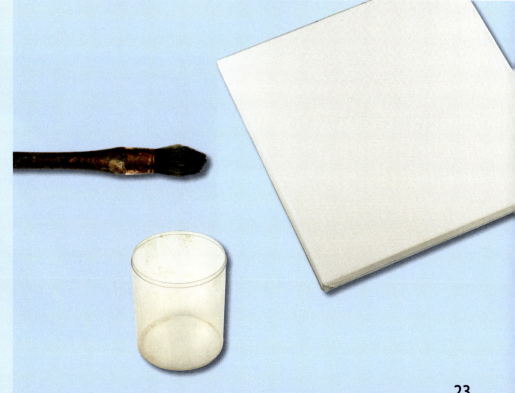

HERZBLUT

1 Zuerst arbeiten Sie nass in nass die Herzform ohne Vorzeichnung mit Preußischblau und Titanweiß in groben Strichen heraus.

2 Nun geht es an den Hintergrund, den Sie mit kräftigem Preußischblau gestalten. Setzen Sie die Konturen des Herzens bis zum Rand fort.

3 Mit verdünntem Preußischblau füllen Sie die noch verbliebenen weißen Bereiche im Inneren des Herzens auf.

SCHRITT FÜR SCHRITT

4 Jetzt nehmen Sie mit dem sauberen Borstenpinsel reines Wasser auf. Damit das Wasser herunterlaufen kann, stellen Sie die Leinwand senkrecht, z. B. auf eine Staffelei. Achtung: Vorher etwas Küchenpapier darunterlegen! Dann setzen Sie den nassen Pinsel an der Oberkante des noch feuchten Herzens mit leichtem Druck auf.

ZWISCHENBILANZ
Hier sehen Sie, wie schön das Wasser die Farbpigmente aus dem Herz herausgewaschen hat.
Wenn Sie mit dem Ergebnis zufrieden sind, legen Sie das Bild flach zum Trocknen hin, damit die Farbe nicht weiterläuft. Andernfalls wiederholen Sie den Wasserauftrag einfach noch mal.

5 Nach einer Trockenzeit von ungefähr 30 Minuten lassen Sie wie abgebildet das mit Wasser verdünnte Scharlachrot aus ca. 40 cm Höhe auf Ihr liegendes Bild tropfen. Versuchen Sie, dabei nur die Außenkante des Herzens zu treffen.

HERZBLUT

6 Zur Auflockerung wiederholen Sie die Dripping-Technik mit einigen Tropfen Ultramarinblau. Zum Schluss gießen Sie noch etwas verdünntes Weiß aus ca. 5 bis 10 cm Höhe auf die feuchte Leinwand. Die aufgetropften Farbtöne vermischen sich dadurch quasi ganz von selbst.

Und schon ist Ihr neuer toller Hingucker fertig! Dieses Motiv ist übrigens universell einsetzbar und fasziniert die Betrachter sowohl in Ihrem Schlafzimmer als auch in der Diele oder in Ihrer Küche. Natürlich können Sie das Bild alternativ auch mit Ihren Lieblingsfarben gestalten.

TIPP
GEEIGNETE FARBEN

Fürs Dripping eignen sich besonders gut hochpigmentierte Farben, da sie beim Verdünnen ihre Farbbrillanz weitgehend beibehalten.

GALERIE – TIPPS UND TRICKS

Fürs Dripping bieten sich nicht nur plakative Motive und Formen wie das Herz an, sondern auch stark abstrahierte Bilder, wie ich Ihnen mit Blue Town und Macbeth zeigen möchte. Der unterschiedliche und nicht genau berechenbare Farbverlauf verleiht vielen Arbeiten einen ganz besonderen Pfiff.

Herzschmerz

Ein klassisches Drippingbild, in Scharlachrot, Karminrot und Schwarz ausgearbeitet.
Schauen Sie mir bei dieser Arbeit auf der DVD zu und lassen Sie sich zu diesem wunderschönen, schnellen Motiv inspirieren.

Macbeth

Blue Town

Eine blutrünstige Geschichte aus Schottland, eine faszinierende Oper und ein garantierter Hingucker! Dafür arbeiten Sie auf einer schwarz grundierten Leinwand stilisiert eine Gruppe Menschen (Skizze Seite 84) heraus. Für das Quadrat mischen Sie Heavy-Body-Gel unter den gewünschten roten Farbton. Zur Auflockerung des Ganzen setzen Sie auch hier den Pinsel mit wässrigen Farblösungen an der Oberkante des Keilrahmens sowie an diversen Bildelementen an und erzeugen damit einen Laufeffekt.

Auf einen in Karminrot, mit dem Palettmesser ausgearbeiteten Hintergrund wurde zuerst eine grobe Stadtansicht in Blautönen gespachtelt. Zur Auflockerung zog ich durch die noch nasse blaue Farbe eine horizontale Linie in Titanweiß durch. Anschließend habe ich Titanweiß mit etwas Wasser verdünnt, diese Mischung auf den Pinsel genommen, an der weißen Linie angesetzt und über die strukturierte Fläche laufen lassen. Dazu muss das Bild natürlich senkrecht stehen!

CARRÉ

Auch ein Keilrahmen hängt nicht immer gerne allein an der Wand! Hier zeige ich Ihnen, wie Sie aus mehreren Keilrahmen und ein bisschen Fingerspitzengefühl ein Bild mit einem ganz besonderen Flair erschaffen können. Aber keine Angst, was so raffiniert aussieht, ist im Grunde kinderleicht. Sehen Sie selbst!

LERNZIELE

- Einsatz von Sandstrukturpaste
- Zartes Auskolorieren mit dem großen Borstenpinsel
- Dreidimensionales Ausarbeiten von Strukturen mit Spachtel und Palettmesser

FARBEN

 TITANWEISS
 LICHTER OCKER
 KADMIUMGELB
 ORANGE

 KARMINROT
 PREUSSISCHBLAU
 PHTHALOBLAU

MATERIAL

- 1 Keilrahmen, 50 cm x 40 cm
- 4 Keilrahmen, 10 cm x 10 cm
- 16 Kreuzschlitzschrauben, ca. 1,5 cm lang
- Akkuschrauber oder Schraubenzieher
- Sperrholzplatte, 60 cm x 60 cm
- Sandstrukturpaste
- Großer runder Borstenpinsel
- 20er Katzenzungenpinsel, Borste
- Palettmesser
- Kammspachtel aus Kunststoff oder Metall

CARRÉ

1 Zuerst verschrauben Sie die Keilrahmen auf der Rückwand der Sperrholzplatte.

2 Mit dem Palettmesser und der Sandstrukturpaste arbeiten Sie dann die ersten Strukturen und Flächen aus.

3 Für wellige oder lineare tiefe Strukturen benutzen Sie die Kammspachtel, mit der Sie das Linienmuster in die noch weiche Paste einarbeiten.

ZWISCHENBILANZ
So sollte Ihr Bild nach einer ca. 3- bis 4-stündigen Trockenzeit – je nach Raumtemperatur – aussehen.

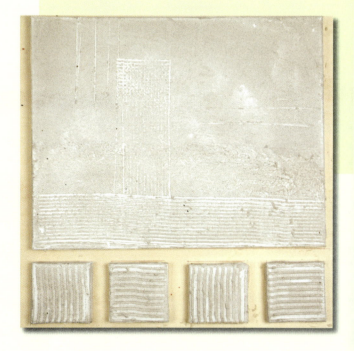

SCHRITT FÜR SCHRITT

4 Tragen Sie mit dem großen runden Borstenpinsel die Farbe in Laufrichtung der angelegten Struktur auf. Sie sehen auf der Abbildung, wie zart ich die Gelb- und Orangetöne aufgebracht habe. Damit das Blau nicht zu dunkel erscheint, mischen Sie etwas Titanweiß unter das Phthaloblau.

5 Jetzt arbeiten Sie das frei gebliebene Rechteck in einem Orangeton aus.

6 Mit Orange granulieren Sie mit einer flachen, waagerechten Pinselführung einen Teil der gelben Fläche aus. Anschließend verstärken Sie die Tiefe im blauen Feld mit etwas Preußischblau.

CARRÉ

7 Nun bringen Sie noch einige Strukturen mit Lichtem Ocker als Kontrast in die gelbe Fläche.
Auch die kleinen Keilrahmen darunter können in der Tiefe mit diesem Farbton verstärkt werden. Beachten Sie dabei, dass Sie nicht mit der Struktur, sondern gegen ihre Laufrichtung arbeiten, damit die Farbe nur an den hochstehenden Teilen hängen bleibt.

8 Mit Schattierungen aus Karminrot und Preußischblau geht es an die letzten verlaufenden Flächen. Hier sieht man sehr schön, wie sich die Farbtöne bei magerer Farbführung miteinander vermischen.

9 Nachdem die Leinwände gut durchgetrocknet sind, entfernen Sie die Keilrahmen von der Sperrholzplatte und färben die Platte mit dem großen runden Borstenpinsel in Preußischblau ein. Zur Auflockerung des Hintergrundes können Sie auch einige feine Spritzer mit Kadmiumgelb auf den Hintergrund sprenkeln. Auf der DVD können Sie sich die Sprenkeltechnik genau ansehen.

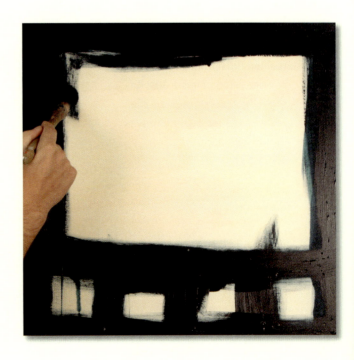

SCHRITT FÜR SCHRITT

10 Während die Sperrholzplatte trocknet, grundieren Sie den Schattenfugenrahmen (siehe auch Seite 15) in einem leuchtenden Karminrot.

11 Nach dem Trocknen schrauben Sie die Keilrahmen von der Rückseite her wieder auf die Sperrholzplatte. Zum Glück sind die Schraublöcher ja noch vom ersten Schritt vorhanden. Dann befestigen Sie die Sperrholzplatte von vorne auf dem Schattenfugenrahmen mit vier Schrauben, die jeweils in der Ecke angebracht werden. Damit die Schrauben nicht zu sehen sind, tupfen Sie zum Schluss etwas Preußischblau auf die Schraubenköpfe.

Dieses moderne Bild erfordert zwar ein bisschen handwerkliches Geschick. Aber dafür ist Ihnen die Begeisterung aller Betrachter sicher!

GALERIE

Das Kombinieren von mehreren Keilrahmen, die entweder alle gleich groß sind wie bei Twenty-five oder unterschiedlich wie beim Carré, bietet unendlich viele Möglichkeiten. Experimentieren Sie nach Lust und Laune!

Für diese Arbeit benötigen Sie vier gleich große Keilrahmen, die Sie mit Modellierpaste grundieren. Anschließend ziehen Sie mit einer Kammspachtel wie abgebildet Wellen durch den Auftrag und strukturieren die Ränder mit einer flachen Spachtel. Nach ungefähr drei Stunden ist die Modellierpaste durchgetrocknet und kann mit einem wässrigen Maigrün bemalt werden. Zum Abtönen der dunklen Bereiche verwenden Sie Preußischblau und Mischungen aus Preußischblau und Maigrün. Zuletzt montieren Sie die Keilrahmen auf eine Sperrholzplatte, die Sie vorher dick mit Preußischblau eingefärbt haben.

Dschungelpfad

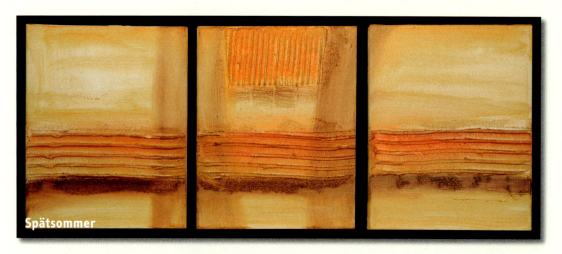

Spätsommer

Die linienförmigen Strukturen entstanden hier mit Hilfe einer Sandstrukturpaste, die ich mit der Kammspachtel horizontal und vertikal aufgebracht habe. Die überschüssige Strukturpaste wurde danach mit einer Spitzspachtel an der Ober- und Unterkante der Linien wieder abgenommen. Nach dem Trocknen habe ich das Bild zunächst mit einem großen runden Borstenpinsel und etwas Wasser angefeuchtet. Auf die feuchte Oberfläche habe ich dann einen zarten Orangeton gelegt und darauf geachtet, dass die Linienstrukturen dabei kräftiger betont werden. Zum Schattieren kam schließlich noch etwas Vandyckbraun zum Einsatz.

TIPPS UND TRICKS

Auch hier schrauben Sie zuerst die Keilrahmen im Format 10 cm x 10 cm auf eine Sperrholzplatte (60 cm x 60 cm) in gleichmäßigem Abstand. Dann gestalten Sie mit Modellierpaste, Spachtelkamm und verschiedenen anderen Spachteln eine lebendige Oberfläche auf diesen 25 Leinwänden.

Nach dem Trocknen grundieren Sie die Keilrahmen und die Sperrholzplatte mit einer wässrigen Lösung aus Lichtem Ocker, bevor Sie darangehen, die einzelnen Rahmen in verschiedenen Färbungen auszugranulieren. Durch die Grundierung wird die Struktur der Modellierpaste besonders gut hervorgehoben.

Im nächsten Schritt belegen Sie den Keilrahmen in der Mitte mit Blattmetall in Gold. Wie das geht, erfahren Sie auf Seite 55 im Kapitel 1001 Nacht.
Das Blatt arbeiten Sie am besten in Schablonentechnik. Ich habe dafür ein echtes Blatt verwendet, auf den Keilrahmen gelegt und mit schwarzer Strukturpaste umrahmt. Anschließend das Blatt einfach abziehen und fertig ist die Form!
Um die Sperrholzplatte im Hintergrund etwas lebendiger zu gestalten, lösen Sie dann alle Keilrahmen von der Platte und bemalen sie kreisförmig in Preußischblau und Karminrot. Zuletzt verschrauben Sie die Keilrahmen wieder mit der Sperrholzplatte und setzen diese in einen vergoldeten Schattenfugenrahmen ein. Eine Anleitung zum Anfertigen von Schattenfugenrahmen finden Sie auf Seite 15.

Twenty-five

25 kleine Keilrahmen bilden die Grundlage dieser eindrucksvollen Arbeit. Was lag näher, als sie schlicht Twenty-five zu nennen?

AUF DER DÜNE

Urlaubserinnerungen mal anders! Eindrucksvolle Bilder lassen sich nicht nur mit der Kamera festhalten, wie ich Ihnen mit dieser Arbeit zeigen möchte. Das Seidenpapier verleiht der Dünenlandschaft einen ganz besonderen Reiz. Mit dieser Technik können Sie natürlich auch Stadtansichten oder interessante Detailaufnahmen schaffen. Einige Anregungen finden Sie auf Seite 44 f.

LERNZIELE
- Strukturen mit Seidenpapier formen
- Abschattieren innerhalb von Strukturen

FARBEN

 TITANWEISS
 LICHTER OCKER
 COELINBLAU
 PHTHALOBLAU
 VANDYCKBRAUN
 MAIGRÜN

MATERIAL
- Keilrahmen, mind. 50 cm x 40 cm
- Seidenpapier in Weiß
- Aquarellstift in Orange
- Großer runder Borstenpinsel
- 14er Katzenzungenpinsel, Borste
- 8er Spitzpinsel, synthetisch
- 4er Fächerpinsel, Borste

AUF DER DÜNE

1 Beginnen Sie mit einer groben Vorzeichnung (Skizze Seite 84).

2 Dann tragen Sie mit dem großen runden Borstenpinsel relativ dick Titanweiß auf die Stellen auf, die Sie mit Seidenpapier gestalten möchten.

3 Auf die noch nasse Farbe legen Sie einen Streifen aus Seidenpapier.

4 Nun verdünnen Sie etwas Titanweiß und überstreichen mit dem Katzenzungenpinsel das Seidenpapier. Jetzt können Sie das Seidenpapier so formen, dass am Horizont eine Bergkette entsteht, auf den Wasserflächen zwei Wellen sowie die Struktur der Dünenoberfläche.

SCHRITT FÜR SCHRITT

ZWISCHENBILANZ
Hier können Sie sehr schön erkennen, wie strukturiert die Oberfläche herauskommt.
Bis zum nächsten Arbeitsschritt müssen Sie sich nun etwas gedulden, da für den Farbauftrag das Seidenpapier komplett durchgetrocknet sein sollte. Je nach Dicke und Raumtemperatur kann die Trockenzeit zwei bis 24 Stunden betragen.

5 Mit einer Mischung aus Coelinblau und Titanweiß legen Sie den Himmel an. Solange die Farbe noch nass ist, fügen Sie mit Titanweiß ganz zart einige Wolken hinzu.

6 Während der Himmel trocknet, malen Sie die Wasserfläche mit einer Mischung aus Phthaloblau und Weiß aus. Beachten Sie dabei, dass Sie die Wellen mit einem dunklen Phthaloblau hervorheben.

7 Im nächsten Schritt geht es an die Grundfärbung der Dünen. Dafür lassen Sie Lichten Ocker zart granulierend in den unteren Bereich des Blaus auslaufen.

8 Um die Trockenzeit der Düne zu überbrücken, arbeiten Sie mit dem Katzenzungenpinsel die Lichter der Wolken mit Weiß heraus.

AUF DER DÜNE

ZWISCHENBILANZ
So sollte Ihr Bild nun ungefähr aussehen. Die Wolken drängen sich zum Horizont etwas dichter, das verleiht dem Bild optische Tiefe.

9 Auf der anderen Seite der Bucht gestalten Sie mit dem Katzenzungenpinsel in einer Mischung aus Titanweiß und Phthaloblau eine lang gestreckte Hügelkette.

10 Mit einer Phthaloblau-Vandyckbraun-Mischung legen Sie dann einen zarten Schatten an der Uferkante der gegenüberliegenden Hügelkette an.

11 Um den Dünen tiefere Strukturen zu geben, gleiten Sie mit etwas Vandyckbraun über die hoch stehenden Seidenpapierstrukturen. Achten Sie darauf, dass Sie dabei den Pinsel möglichst flach halten.

SCHRITT FÜR SCHRITT

12 In der Zwischenzeit ist die Wasserfläche durchgetrocknet und Sie können jetzt die Wellen mit Titanweiß ausarbeiten.

13 Für die Gräser streichen Sie mit dem Fächerpinsel und einer Mischung aus Maigrün und Phthaloblau wie abgebildet sanft nach oben.

14 Um die Tiefenwirkung im Vordergrund noch zu verstärken, legen Sie den Fächerpinsel flach an die Unterkante der Struktur in den Dünen an und reiben mit etwas Vandyckbraun dunklere Bereiche hinein.

So schön kann die Erinnerung an einen Urlaub sein! Wann genießen Sie diese malerische Spielerei mit Seidenpapier?

GALERIE

Seidenpapier eignet sich hervorragend zum Ausformen von Landschaften, wie Sie auch auf diesen beiden Seiten sehen. Ihr Lieblingsmotiv ist nicht dabei? Dann gestalten Sie es doch einfach nach einem Foto!

Hochsommer in der Toskana

Der Himmel dieses Bildes (Skizze Seite 85) wurde klassisch gemalt. Die Landschaft hingegen habe ich mit Seidenpapier geformt und an den Kanten der einzelnen Hügelketten kräftige Schatten in Ocker und Vandyckbraun angelegt. Die Landschaftselemente wie Büsche und Bäume kamen zum Schluss mit einem Spitzpinsel auf die Kanten des Seidenpapiers ebenfalls in Vandyckbraun und verschiedenen Ockermischungen dazu.

Forum Romanum

Als einstiges Zentrum der politischen Macht im Römischen Reich zählt das Forum Romanum zu den bedeutendsten Sehenswürdigkeiten in Rom und zieht daher immer zahlreiche Touristen an. Ich habe zuerst die Säulen, den Triumphbogen und die Steinblöcke in Seidenpapiertechnik ausgearbeitet. Die Menschen wurden anschließend mit einer groben Strichführung hineingemalt. Die Skizze zu dieser Arbeit finden Sie auf Seite 84.

TIPPS UND TRICKS

Nähe

Treibgut

Eine schroffe, schmale Schlucht, in Seidenpapier geformt, bildet die Grundlage zu diesem Bild. Um dem Motiv etwas Ruhe zu verleihen, habe ich ein Liebespaar in der in diesem Buch beschriebenen Technik Figuren (siehe Seite 46 f.) hineingemalt.

Mit Seidenpapier können Sie auch besonders schön alte verwitterte Baumstämme formen. Hier lässt ein markantes Exemplar seine Äste wie ein letztes Aufbäumen in den dunkelblauen Himmel ragen.

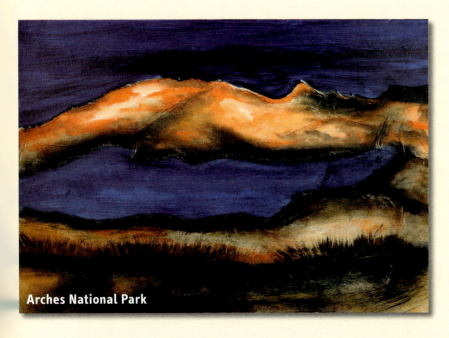

Arches National Park

Eine bewusst sehr grob gehaltene Arbeit. Auf meinen Reisen beeindruckte mich immer wieder der Arches National Park in Utah (USA) mit seinen über 2000 orangeroten Natursteinbögen und dem klaren blauen Himmel als Kontrast. Diese faszinierende Stimmung (Skizze Seite 85) können Sie mit etwas Seidenpapier und wenigen Farbstrichen auf die Leinwand bannen.

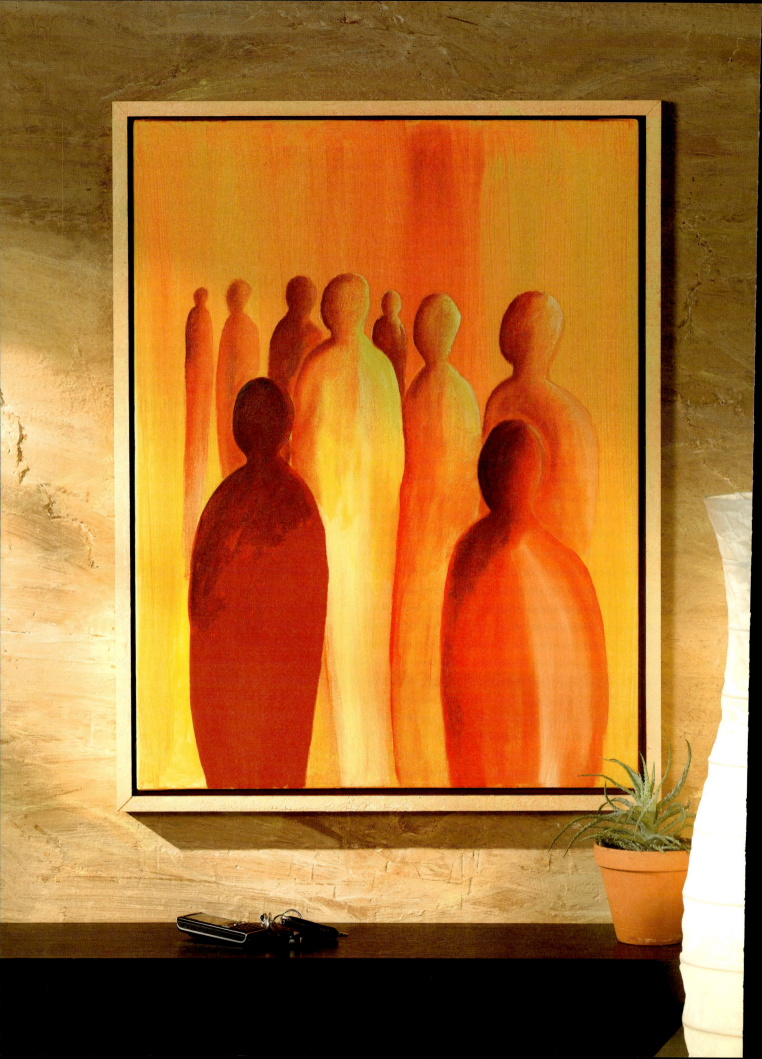

FIGUREN

Menschen darzustellen ist gar nicht so schwer, wie Sie bei dieser Arbeit sehen werden. Ton in Ton gehalten lebt sie von den Kontrasten und ihrer ruhigen Ausstrahlung. Sie können die Figuren natürlich auch in anderen Farbkombinationen wie verschiedene Blautöne gestalten. Oder wie wäre es zur Abwechslung mal poppig bunt?

LERNZIELE

- Ausarbeiten harter Konturen
- Verlaufstechnik Ton in Ton
- Menschen stilisiert darstellen
- Optische Tiefe erzielen
- Schatten anlegen

FARBEN

- TITANWEISS
- INDISCHGELB
- ORANGE
- SCHARLACHROT
- KARMINROT
- PHTHALOBLAU

MATERIAL

- Keilrahmen, mind. 60 cm x 80 cm
- Aquarellstift in Orange
- Großer runder Borstenpinsel
- 16er Katzenzungenpinsel, Borste
- 14er Katzenzungenpinsel, synthetisch

FIGUREN

1 Zuerst färben Sie die Leinwand mit dem feuchten großen Borstenpinsel und langen senkrechten Bewegungen in Indischgelb und Orange ein.

2 Hier sehen Sie, wie schön der Verlauf zwischen Gelb und Orange wird, wenn Sie dabei nass in nass arbeiten. Anschließend ca. 30 bis 60 Minuten gut durchtrocknen lassen.

3 Nun zeichnen Sie das Motiv (Skizze Seite 85) auf die Leinwand.

4 Da Gelbtöne meistens nicht deckend sind, malen Sie die Figuren in einer Mischung von Weiß und Indischgelb aus.

SCHRITT FÜR SCHRITT

5 Im Vordergrund gestalten Sie eine der dominierenden Personen in Karminrot. Um eine Figur im Hintergrund ziehen Sie stattdessen eine leichte Kontur in einem zarten, mit Weiß untermischten Orange.

6 In dieser Technik arbeiten Sie nach und nach die restlichen Personen aus.

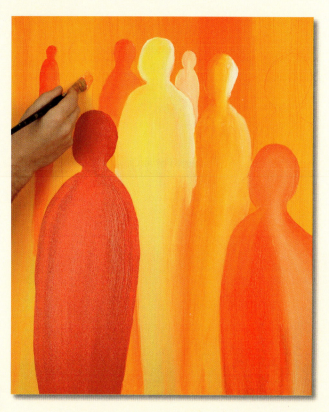

ZWISCHENBILANZ
So ungefähr sollte Ihr Bild nach einer erneuten Trockenzeit von ca. 30 Minuten aussehen.

FIGUREN

7 Jetzt holen Sie mit dem 14er Katzenzungenpinsel die Schatten auf der linken Seite der Figuren in einem zarten, granulierenden Verlauf heraus. Dabei benutzen Sie für die gelben Personen ein leichtes Orange, für die orangefarbenen Karminrot und für die dunkel im Vordergrund stehende Person eine Mischung aus Karminrot und Phthaloblau.

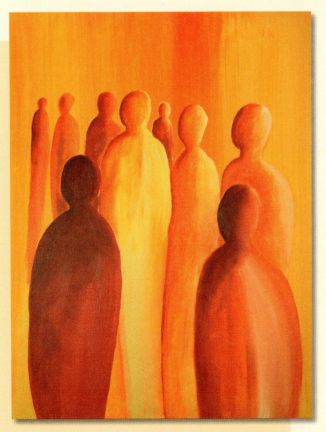

Kaum zu glauben, wie schnell Sie auf diese Weise z. B. die Eindrücke Ihres nächsten Stadtbummels in einer farbenfrohen Leichtigkeit darstellen können.

Um die Wirkung dieses Bildes noch zu verstärken, habe ich einen zweifarbigen Schattenfugenrahmen (siehe Seite 15) gewählt. So sieht das Bild einfach umwerfend aus!

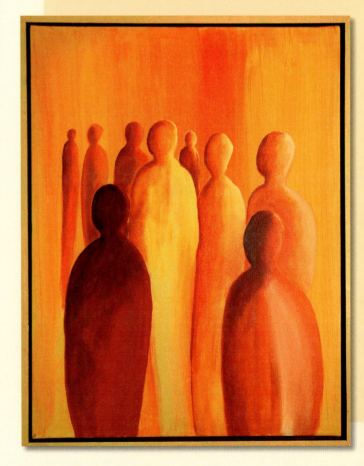

GALERIE – TIPPS UND TRICKS

So macht das Malen von Menschen Spaß! Sie können sogar ein und dasselbe Motiv einfach in verschiedenen Farbkombinationen darstellen und damit eine tolle Wirkung an der Wand erzielen.

Für alle, die es gerne bunt mögen oder einen richtigen Farbtupfer für ihre Wohnräume suchen, habe ich dieses Bild gemalt. Spielen Sie doch einfach mal mit den Farben.

Kunterbunt

Ausflug in Grüne

Für diese Arbeit habe ich einen Hintergrund in Indischgelb, Kadmiumgelb und Orange gewählt. Die Figuren werden in verschiedenen Grüntönen, die von Phthalogrün bis Maigrün reichen, gestaltet.

Figuren in Blau

Der Gag bei diesem Motiv ist das diagonale Malen über eine quadratische Leinwand. Der Hintergrund wurde ausnahmsweise nicht vorab grundiert, sondern mit den Figuren zusammen in Phthalo- und Preußischblau ausgearbeitet.

1001 NACHT

Wer kennt sie nicht, die farbenfrohen Arbeiten von Friedensreich Hundertwasser (1928–2000). Ich möchte Ihnen hier einen neuen Weg zu Bildern im Stile dieses berühmten österreichischen Künstlers zeigen. Dabei spiele ich gerne mit der ganzen Palette der Farbigkeit. Auch andere Themen wie z. B. Tiere lassen sich mit dieser Technik fantastisch ausarbeiten, wie Sie auf den Galerieseiten sehen können.

LERNZIELE

- Großformatiges Vergolden
- Konturen mit dem Spitzpinsel malen
- Bildmotive durch Begrenzen in den Vordergrund stellen

FARBEN

- TITANWEISS
- KADMIUMGELB
- INDISCHGELB
- ORANGE
- SCHARLACHROT
- KARMINROT
- PHTHALOBLAU
- MAIGRÜN
- SCHWARZ

MATERIAL

- Keilrahmen, mind. 40 cm x 50 cm
- Blattmetall (Bogen) in Gold
- Anlegemilch
- Aquarellstift in Orange
- 14er Flachpinsel, synthetisch
- 14er Katzenzungenpinsel, synthetisch
- 16er Katzenzungenpinsel, Borste
- 8er Spitzpinsel

1001 NACHT

1 Wie meistens starten Sie mit der Vorzeichnung des Motivs (Skizze Seite 85).

2 Beginnen Sie nun die ersten farbigen Felder im oberen Teil mit Orange und Indischgelb mit dem 14er Katzenzungenpinsel auszumalen.

3 Mit Phthaloblau legen Sie die Wellen im Vordergrund an und unterstreichen einige Elemente der Stadtansicht.

4 Die stilisierten Bäume am Flussufer arbeiten Sie mit Maigrün heraus.

SCHRITT FÜR SCHRITT

5 Jetzt setzen Sie einige Akzente in Hellblau auf die Wellen und in der Stadt. Dafür mischen Sie ein wenig Titanweiß mit Phthaloblau.

6 Dann arbeiten Sie mit Scharlachrot und Karminrot die restlichen weißen Flächen der Stadtansicht aus.

ZWISCHENBILANZ
So ungefähr sollte Ihre Stadtansicht mittlerweile aussehen.

7 Für den Grünton der Bäume mischen Sie Maigrün und ein wenig Phthaloblau.

1001 NACHT

8 Nach einer Trockenzeit von ca. 30 Minuten widmen Sie sich dem Ausmalen der Konturen. Dazu benutzen Sie den Spitzpinsel und ein leicht mit Wasser verdünntes Schwarz.

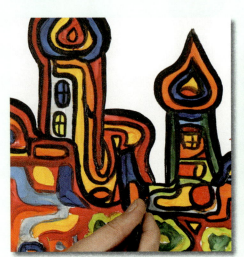

9 Die oberen und unteren Bereiche des Bildes sollten mit Schwarz unterlegt sein. Damit Sie nicht aus Versehen mit dem Borstenpinsel in die Farbflächen Ihres Bildes kommen, verbreitern Sie zuerst mit dem Spitzpinsel den Umriss der Stadt.

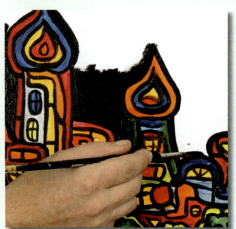

10 Dann können Sie den Hintergrund großzügig mit dem 16er Katzenzungenpinsel in Schwarz ausfüllen.

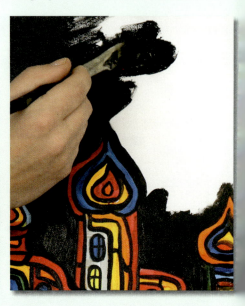

ZWISCHENBILANZ
So schön leuchtend kommt die Stadtansicht durch das Begrenzen mit Schwarz heraus.

11 Nach ungefähr einer Stunde sollte das Schwarz gut durchgetrocknet sein und Sie können zum Vergolden übergehen. Mit dem Flachpinsel geben Sie zuerst eine dünne Schicht Anlegemilch auf die schwarze Fläche. Dabei achten Sie darauf, dass Sie einen Abstand von ca. 3 bis 4 mm zu den Umrissen der Stadtansicht einhalten.

SCHRITT FÜR SCHRITT

12 Sobald die Anlegemilch transparent geworden ist – das dauert ungefähr 30 Minuten – legen Sie das Blattmetall auf die mit Anlegemilch versehenen Flächen. Sie können sowohl ganze Bogen auftragen als auch passende Stücke aus einem Bogen reißen.

Herzlichen Glückwunsch zu diesem wunderschönen Bild aus 1001 Nacht! Ich bin sicher, es wird nicht nur bei dieser Variante bleiben.

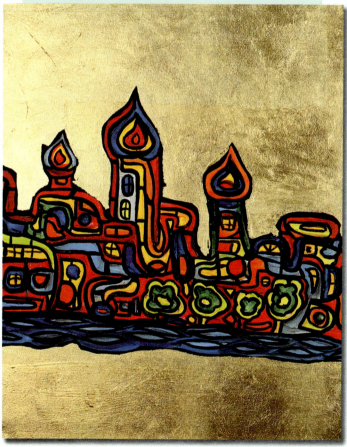

13 Reiben Sie das Blattmetall nun mit einem weichen Pinsel in die Leinwand ein. Ich benutze dazu den 16er Katzenzungenpinsel, der bei diesem Arbeitsgang vollkommen trocken sein muss. Drücken Sie das Blattmetall vorsichtig mit dem Pinsel in die Struktur der Leinwand und entfernen Sie damit auch überschüssiges Gold an den Kanten der Stadtansicht.

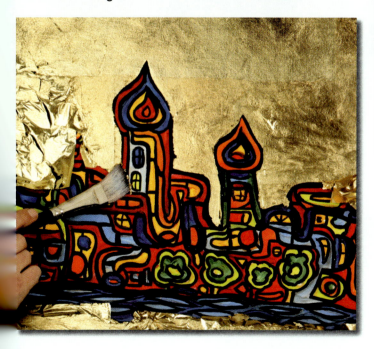

GALERIE

Um diese Stadtansichten wird man Sie bestimmt beneiden. Lassen Sie sich von der hier gezeigten Ideensammlung inspirieren!

Hier blieb ich in der Pinselführung etwas gröber. Dafür habe ich größere Farbflächen einfach mit Schwarz nochmals unterteilt, um die Arbeit (Skizze Seite 85) auf diese Weise filigraner erscheinen zu lassen.

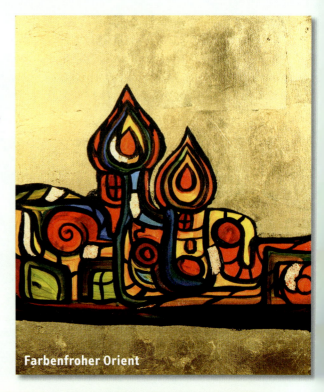

Farbenfroher Orient

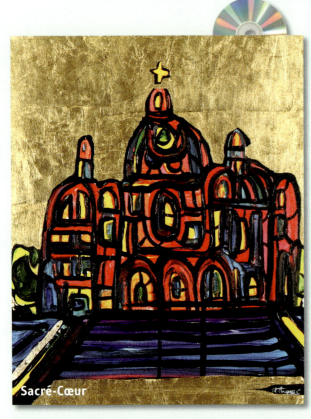

Sacré-Cœur

Diese berühmte Kirche (Skizze Seite 86) beherrscht die Spitze des Bergs Montmartre und das dazugehörige Künstlerviertel in Paris. Auf der DVD können Sie sehen, wie schnell ein tolles Foto aus dem Reiseführer in ein farbenfrohes Bild im Stil von Hundertwasser umgesetzt werden kann.

TIPP
HINTERGRUND

Sie müssen den Hintergrund nicht unbedingt in Gold anlegen. Auch mit Bunttönen eingefärbter Sand verleiht diesen Arbeiten eine fantastische Tiefenwirkung. Dabei müssen Sie lediglich auf etwas Abstand zum Bildmotiv achten.

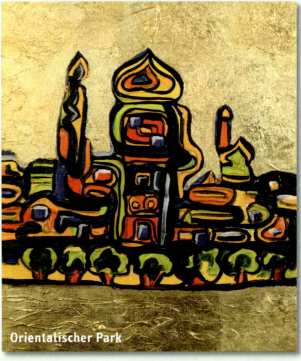

Orientalischer Park

Durch das Anlegen der Bäume im Vordergrund hat dieses Bild (Skizze Seite 85) Tiefe bekommen. Die vergoldete Fläche im unteren Teil gibt eine sehr schöne Struktur wieder. Dafür geben Sie einfach etwas Heavy-Body-Gel zum Schwarz, das für die Untermalung benutzt wird.

TIPPS UND TRICKS

Mit diesem Bild möchte ich Ihnen beweisen, dass sich auch andere Motive wie z. B. Tiere für die gezeigte Technik sehr gut eignen. Hier mein Beitrag zum Schutz der Wale (Skizze Seite 86). So können Sie natürlich auch Ihr Lieblingstier auf der Leinwand festhalten.

Nachdem ich die Körper mit Phthaloblau und Titanweiß angelegt habe, male ich den Hintergrund mit schwungvollen Bögen in bunten Farben wie Rot, Gelb und Orange aus. Trocknen lassen.

Jetzt wird das Motiv mit Schwarz herausgearbeitet. Hier können Sie sehr schön sehen, wie ich bewegtes Wasser darstelle.

Wale

Damit dieses Bild noch mehr Wirkung erzielt, werden zum Schluss auch hier Teilbereiche vergoldet.

57

DURCHBLICK

Grafisch aufgepeppt können schlichte Bilder zum echten Hingucker werden. Auf den folgenden Seiten sehen Sie Schritt für Schritt, wie aus einem zunächst langweilig wirkenden Landschaftsbild ein echter Blickfang in Ihren vier Wänden wird. Natürlich muss es nicht unbedingt die klassische Kombination „Wiese, Baum und Himmel" sein. Mit dieser Technik können Sie beispielsweise auch eine Wasserlandschaft oder sogar ein misslungenes Bild komplett verändern!

LERNZIELE

- Grafisches Gestalten
- Landschaften malen
- Spektrale Farbverläufe
- Abkleben für gerade Linien

FARBEN

 KADMIUMGELB
 INDISCHGELB
 SCHARLACHROT
 KARMINROT
 VANDYCKBRAUN

 COELINBLAU
 PHTHALOBLAU
 PHTHALOGRÜN BLÄULICH
 MAIGRÜN

MATERIAL

- Keilrahmen, mind. 70 cm x 50 cm
- Lineal, mind. 50 cm lang
- Aquarellstift in Grün
- Maler-Kreppband
- Großer runder Borstenpinsel

DURCHBLICK

1 Mit Coelinblau legen Sie zunächst mit waagerechten Strichen den Himmel an.

2 Solange das Coelinblau noch feucht ist, ziehen Sie mit Titanweiß einige Wolken hinein.

3 Jetzt arbeiten Sie den Horizont der Landschaft in einem zarten Maigrün heraus.

4 Mit einer Mischung aus Maigrün und etwas Preußischblau formen Sie die Bäume im Hintergrund.

SCHRITT FÜR SCHRITT

5 Die Mischung aus Maigrün und Preußischblau dunkeln Sie für die Bäume im Vordergrund noch ein wenig mit Preußischblau ab. Dadurch erhalten sie mehr Tiefe. Auch der übrigen Landschaft verleihen Sie einen zarten Grünton aus Maigrün und Titanweiß.

6 Damit Sie noch mehr Tiefe erzielen, granulieren Sie die Unterkante der Bäume und einige Schatten auf der Wiesenfläche aus.

ZWISCHENBILANZ
So ungefähr sollte Ihr Bild nun aussehen.

7 Nun teilen Sie das Bild mit dem Lineal in gleichmäßige horizontale und vertikale Linien auf. Achtung: Die Abstandsbreite ergibt sich dabei aus der Breite Ihres Kreppbands! Ziehen Sie diese Aufteilung mit dem Aquarellstift als Raster über das Bild.

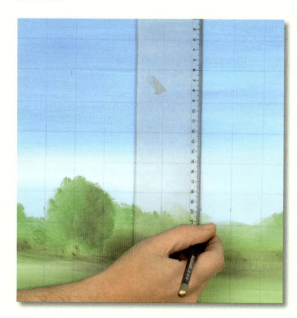

DURCHBLICK

8 Kleben Sie dann exakt an den Linien entlang das Kreppband auf. Dabei lassen Sie wie abgebildet jedes zweite Feld frei.

9 Anschließend färben Sie die freien Felder mit Titanweiß ein. Dieser Schritt ist notwendig, weil die transparenten Farbtöne sonst nicht auf Deckung kommen würden.

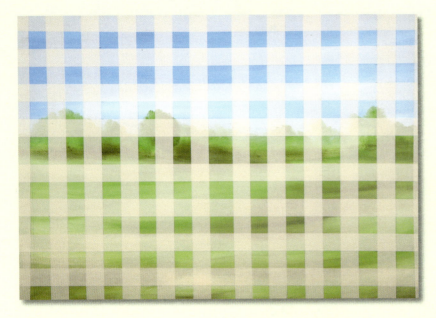

10 Nach einer Trockenzeit von ca. 20 bis 30 Minuten geht es an das Einfärben mit Bunttönen. In diesem Fall beginnen Sie im Bereich der Mittelachse mit Indisch- und Kadmiumgelb.

11 Mit Maigrün schaffen Sie einen Übergang zwischen Kadmiumgelb und den dunkleren Grüntönen, die Sie mit Phthalogrün bläulich gestalten.

SCHRITT FÜR SCHRITT

12 Im oberen Bereich des Bildes gehen Sie genauso vor: von hell nach dunkel, zuerst mit Scharlachrot und dann zum oberen Rand hin mit Karminrot.

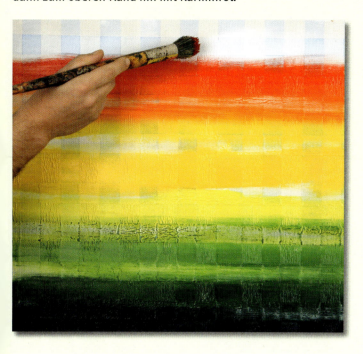

13 Bevor die Farbe angetrocknet ist, ziehen Sie vorsichtig das Kreppband wieder ab. Fertig!

So schnell können Sie mit wenig Aufwand viel Wirkung erzielen! Um diese Arbeit wird Sie sicher so mancher beneiden.

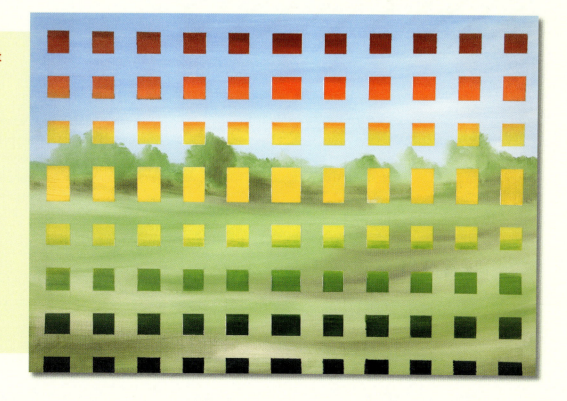

GALERIE

Übermalen Sie bloß nicht jedes Bild, das danebengegangen ist, komplett mit Weiß! Mit ein paar Streifen Maler-Kreppband und etwas Farbe können Sie fast jede Arbeit genial aufpeppen bzw. retten.

Es muss nicht immer Farbe im Spiel sein oder eine Landschaft als Hintergrund! Für diese Arbeit habe ich das Gesicht einer jungen Frau gewählt. Zuerst wird das Bild im Abstand von 1 cm horizontal abgeklebt. Dann füllen Sie die Zwischenräume mit Titanweiß aus und ziehen sofort das Kreppband wieder ab. Nach dem Trocknen wiederholen Sie das Gleiche in vertikaler Richtung.

Geteilte Ansichten

Diagonal

Eine zarte Farbführung liegt hier dem Ausgangsbild zugrunde. Zum Aufpeppen habe ich das Maler-Kreppband diagonal im Abstand von ca. 1 cm über die Leinwand geklebt. Die frei gebliebenen Streifen wurden anschließend von rechts unten nach links oben zuerst mit Titanweiß und dann im Verlauf mit einer Mischung aus Preußischblau und Schwarz aufgefüllt.

TIPP
3D-EFFEKT

Mit der hier gezeigten Technik können Sie sogar einen 3D-Effekt erzielen. Dafür ziehen Sie einfach Heavy-Body-Gel unter die gewünschte Farbe und spachteln diese Mischung in die frei gebliebenen Flächen.

TIPPS UND TRICKS

Eingerahmt

Das Ausgangsbild war mir zu langweilig, die Leinwand zum Wegwerfen jedoch zu schade. Wie Sie auf der DVD sehen können, sind die Unterschiede „Vorher-Nachher" wie Tag und Nacht. In null Komma nichts wurde aus dem Langweiler ein toller Hingucker!

Im Schatten

Hier wählte ich als Hintergrund ein Landschaftsmotiv, auf das ich ein diagonal verlaufendes Spektrum aufgemalt habe. Um noch mehr Tiefe zu erzielen, erhielt jedes Rechteck auf der rechten Seite und an der Unterkante einen Schatten. Dafür habe ich einen Flachpinsel und etwas Preußischblau verwendet.

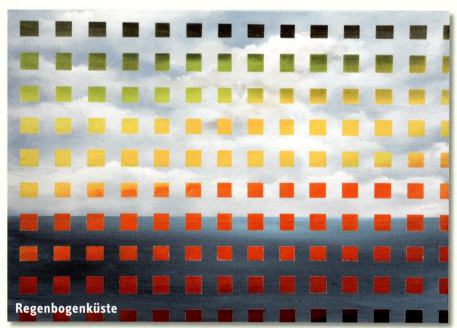

Regenbogenküste

Ein bewegter Himmel mit vielen Wolken und ein gleichmäßig gefärbtes Meer in einer Mischung aus Coelinblau mit etwas Preußischblau dienten hier als Hintergrund.

AMMONIT

Dieser vor Millionen von Jahren ausgestorbene Kopffüßer fasziniert nicht nur Wissenschaftler und Fossiliensammler. Auch als Kunstobjekt an der Wand findet er begeisterte Anhänger. Die Grundform des Gehäuses, eine in einer Ebene aufgerollte Spirale, wird durch die Struktur mit Modellierpaste richtiggehend plastisch. Sie können das Fossil entweder wie ich in hellen Ockertönen – eine typische Farbgebung aus dem Jurakalk – oder auch in Schwarz- und Grautönen nacharbeiten.

LERNZIELE

- Form mit Modellierpaste ausarbeiten
- Granulieren feiner Verläufe und Strukturen
- Dreidimensionales Arbeiten

FARBEN

 LICHTER OCKER   VANDYCKBRAUN   SCHWARZ   GOLD

MATERIAL

- Keilrahmen, mind. 70 cm x 50 cm
- Rötelstift
- Modellierpaste
- Großer runder Borstenpinsel
- Colour shaper
- Spezialspachtel

AMMONIT

1 Zeichnen Sie spiralförmig die Form der Ammoniten (Skizze Seite 86) auf Ihre Leinwand.

2 Jetzt füllen Sie mit der Spezialspachtel die Modellierpaste in die Form der Ammoniten. Dabei achten Sie darauf, dass Sie erste Strukturen der Spiralform folgend von der Innenkante zur Außenkante anlegen.

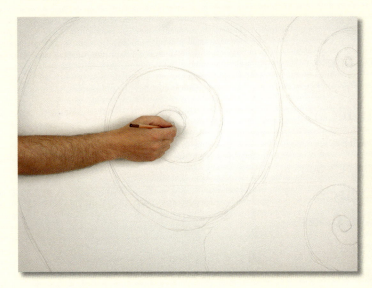

3 Mit dem Colour shaper ziehen Sie zügig weitere Strukturen hinein.

ZWISCHENBILANZ
Nachdem Sie nun alle Ammoniten mit Modellierpaste ausgearbeitet haben, sollte Ihr Bild ungefähr so aussehen.

SCHRITT FÜR SCHRITT

4 Lassen Sie die Modellierpaste je nach Schichtdicke bis zu 12 Stunden trocknen. Anschließend tragen Sie mit dem großen runden Borstenpinsel eine erste feine Schicht Lichten Ocker auf die Struktur der Modellierpaste auf. Arbeiten Sie dabei **gegen die Laufrichtung** der Struktur.

5 Verstärken Sie dann die Farbgebung **in Laufrichtung** der Spirale erneut mit etwas Lichtem Ocker.

6 Mit etwas Vandyckbraun arbeiten Sie an den Oberflächen der Strukturkanten ein wenig Tiefe hinein.

AMMONIT

7 Anschließend widmen Sie sich dem Hintergrund, den Sie mit groben Strichen in Lichtem Ocker unter Zugabe von wenig Vandyckbraun ausmodellieren.

ZWISCHENBILANZ
So sollte Ihr Bild nun aussehen.

8 Mit einem Hauch Schwarz verstärken Sie noch mal die Spiralform.

SCHRITT FÜR SCHRITT

9 Damit Ihr Bild einen zarten, goldenen Glanz bekommt, geben Sie etwas Gold auf die Ammoniten.

10 Zum letzten Mal unterstreichen Sie vorsichtig die Tiefen der Arbeit mit etwas Schwarz.

So schnell werden Hundert Millionen Jahre Erdgeschichte bei Ihnen an der Wand zum Hingucker! Ich wünsche Ihnen viel Freude an diesen für die Geologie so bedeutenden Tieren.

GALERIE

Kaum zu glauben, dass die Kopffüßer, die mich zu diesen Arbeiten inspirierten, bereits vor 70 Millionen Jahren ausgestorben sind. Sie sind einfach von zeitloser Schönheit und als gemalte Kunstobjekte auf Leinwand auch durchaus bezahlbar.

Goldammonit

Eine Ansammlung vieler unterschiedlich großer Ammoniten nennt man ganz lapidar einen Fossilienfriedhof. Die „Vorlage" zu dieser Arbeit stammt aus der Fränkischen Schweiz. Für den Goldton habe ich einfach etwas Acrylfarbe in Gold aufgetragen.

Schwarzer Ammonit

Die Originale dieser auf Millimeter platt gedrückten Tiere stammen aus der Gegend von Holzmaden am Fuße der Schwäbischen Alb. Durch den interessanten Kontrast zwischen dem schwarzen Ölschiefer und dem zarten Goldockerton der Fossilien sind diese Versteinerungen weltweit begehrte Sammelobjekte.

TIPP
MUSEUMSBESUCH

Wie wäre es mal mit einem Besuch des Urwelt-Museums Hauff in Holzmaden, wenn Sie in der Nähe sind? Nirgendw sind so gute und zahlreich erhaltene Fossilien gefunden w den wie in den jurassischen Schiefern von Holzmaden.

TIPPS UND TRICKS

In der Mitte

Blasser Ammonit

Besuchen Sie doch einmal einen der vielen Steinbrüche auf der Schwäbischen Alb oder achten Sie beim Wandern auf Steinhaufen und Wegesränder. Es lohnt sich, denn hin und wieder kann man dort tatsächlich fündig werden. Die Ammoniten der Schwäbischen Alb verfügen manchmal über interessante dunkle Stellen, die ich hier mit Vandyckbraun eingranuliert habe.

Diesen Ammoniten habe ich mit Absicht etwas blasser gehalten. Ich wollte hier ebenfalls ein Exemplar aus der Fränkischen Schweiz darstellen und dort sind die Kontraste zwischen Fossil und Muttergestein nicht so stark.

Beeindruckend sind auch Fossilien aus den Plattenkalk-Steinbrüchen bei Solnhofen im Altmühltal. Dieser blass gefärbte Kalk, den ich hier als Vorlage (Skizze Seite 86) genommen habe, gehört zu den feinsten und edelsten Kalksorten der Welt. Hier wurde auch der weltberühmte Urvogel Archaeopteryx gefunden, der zur Gattung der Archosaurier zählt.

Jurassic Park

TIPP
ECHTE KNOCHEN

Bringen Sie Ihren eigenen kleinen Dino auf die Leinwand! Dazu nehmen Sie ein paar ausgekochte Knochen eines Suppenhuhns und drücken sie auf die zuvor mit Modellierpaste präparierte Leinwand. Anschließend färben Sie die Knochen mit Lichtem Ocker und einem Braunton ein, damit auch hier interessante Kontraste zum Hintergrund entstehen.

SATURN

Mit diesem Thema entführe ich Sie zum zweitgrößten Planeten in unserem Sonnensystem. Dafür habe ich eine Technik ausgesucht, die den optischen Eindruck eines Airbrush-Bildes vermittelt. Natürlich muss es nicht unbedingt der Saturn sein, der mit seinem, schon mit einem kleinen Fernrohr sichtbaren Ring etwas ganz Besonderes darstellt. Sie können auch unseren Blauen Planeten oder Jupiter in den Weiten des Weltalls auf Leinwand bannen.

LERNZIELE

- Fotorealistisches Arbeiten
- Sprenkeltechnik
- Runde Formen gestalten
- Tiefe erzeugen
- Schatten an runden Objekten anlegen

FARBEN

TITANWEISS

LICHTER OCKER

ORANGE

VANDYCKBRAUN

PHTHALOBLAU

SCHWARZ

MATERIAL

- Keilrahmen, mind. 70 cm x 50 cm
- Pappteller
- Aquarellstift in Grün
- Maler-Kreppband
- Großer runder Borstenpinsel
- 8er Katzenzungenpinsel, Borste
- 14er Katzenzungenpinsel, Borste
- Breiter Flachpinsel, synthetisch

75

SATURN

1 Zuerst legen Sie den Pappteller auf die Leinwand und umfahren den Umriss mit dem Aquarellstift. Diesen Stift benutzen Sie auch für die Horizontlinie des Mondes (Skizze Seite 87).

2 Hier können Sie sehr gut erkennen, wie ich mit dem großen runden Borstenpinsel in diagonaler Streichrichtung die Struktur des Planeten in Orange und zarten Ockertönen herausarbeite.

3 Mit Phthaloblau legen Sie die Tiefe des Weltalls an. Dazu umranden Sie den Planeten im Abstand von ca. 1 cm. So vermeiden Sie, dass Sie versehentlich in die Orangetöne der Planetenoberfläche geraten.

4 Um die Form des Planeten schärfer herauszuholen, legen Sie den Pappteller auf den Planeten und ummalen die Kontur kräftig mit Phthaloblau.

SCHRITT FÜR SCHRITT

5 Nach einer Trockenzeit von ca. 30 Minuten verleihen Sie der blauen Fläche mit etwas Schwarz die notwendige Tiefe.

6 Während die schwarze Farbe trocknet, widmen Sie sich der Oberfläche des Mondes, den Sie in einer Mischung aus Lichtem Ocker und Titanweiß horizontal ausmalen. Um noch mehr Tiefe zu erzielen, geben Sie im unteren Teil des Bildes verstärkt Lichten Ocker hinzu.

ZWISCHENBILANZ
So sollte Ihr Bild nun aussehen.

7 Mit etwas Vandyckbraun und dem 14er Katzenzungenpinsel granulieren Sie vorsichtig die ersten Schatten ein. Dafür arbeiten Sie von der rechten Außenseite zur Mitte des Planeten hin.

SATURN

8 Diese Schatten verstärken Sie mit einer Mischung aus Vandyckbraun und etwas Schwarz, um noch mehr Tiefe in der Rundung des Planeten zu erzielen.

9 Mit einem Hauch Titanweiß bringen Sie das Licht des Sternennebels wolkig granulierend in den Hintergrund.

10 Jetzt nehmen Sie mit der Spitze des Flachpinsels ein wenig verdünntes Titanweiß auf und streichen mit dem Zeigefinger über die Pinselborsten. Beim Zurückschnellen der Borsten spritzt die Farbe auf die Leinwand und hinterlässt feine Sprenkel auf dem zuvor angelegten Nebel.

ZWISCHENBILANZ
Sehen Sie mal, wie schön der Sternennebel im Hintergrund leuchtet!

SCHRITT FÜR SCHRITT

11 Während der Hintergrund in Ruhe trocknet, beschäftigen Sie sich mit der Oberfläche des Mondes. Da das Licht auf unserem Bild von links scheint, müssen Sie die aufgetürmten Berge zur Lichtseite hin etwas aufhellen. Das machen Sie am besten mit einer Mischung aus Lichtem Ocker und Titanweiß.

12 Wo Licht ist, ist auch Schatten. Deshalb ziehen Sie auf der anderen Seite der Berge in einer Mischung aus Vandyckbraun und Schwarz granulierend einige Schatten ein.

13 Zur Auflockerung und Verstärkung zwischen Vorder- und Hintergrund malen Sie in Mischungen aus Lichtem Ocker, Vandyckbraun und etwas Schwarz kleine Felsbrocken in der Vordergrund. Beachten Sie dabei, dass die Felsen kleiner werden, je weiter sie nach hinten rücken.

14 Nachdem Sie einige Lichtpunkte in Titanweiß auf die linke Seite der Felsen aufgetragen und vorsichtig entsprechende Schatten granuliert haben, geht es an die Form des Saturnringes. Diesen legen Sie in einer Mischung aus Titanweiß und etwas Lichtem Ocker mit wenig Farbe an.

SATURN

15 Tupfen Sie jetzt einige dunkle Partien auf die Außenkante des Saturnringes bzw. der Saturnringe. Dazu benutzen Sie Vandyckbraun.

16 Diesen Braunton verwenden Sie anschließend unter Zugabe von etwas Schwarz zum Hervorheben des Schattens auf der Planetenoberfläche.

17 Sobald der Hintergrund gut durchgetrocknet ist, kleben Sie wie abgebildet mit dem Kreppband zwei Streifen im Abstand von ca. 1 bis 2 mm senkrecht nebeneinander.

18 Mit dem großen runden Borstenpinsel granulieren Sie vorsichtig etwas Titanweiß genau in die freigestellte Fläche zwischen den beiden Kreppbandstreifen. Dabei achten Sie darauf, dass Sie im mittleren Teil mehr Farbe auftragen als oben und unten.

19 Nach dem Ausarbeiten der vertikalen Linien malen Sie die horizontalen Linien. Achtung: Die horizontalen Linien sollten möglichst genau auf der Mitte der vertikalen stehen!

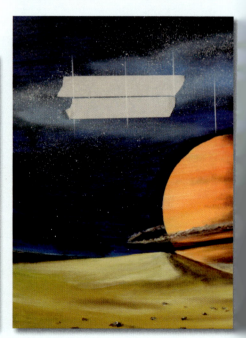

SCHRITT FÜR SCHRITT

20 Während die Lichtreflexe der Sterne trocknen, malen Sie einige Wolken und etwas Dunst auf die Oberfläche des Mondes. Dazu benutzen Sie etwas Titanweiß und den großen runden Borstenpinsel, den Sie mit der Spitze in Richtung Oberkante der Wolken halten.

21 Ohne ihr kräftiges Leuchten wären unsere Sterne nur Kreuze, die am Firmament stehen. Dieses zauberhafte Licht erzeugen Sie durch kreisförmiges Granulieren mit Titanweiß um den Mittelpunkt der Lichtkreuze herum.

Zu guter Letzt geben Sie noch einen kleinen Tupfer Titanweiß auf den Kreuzungspunkt und schon ist der Blickfang für alle Star Trek-Fans fertig!

GALERIE

Auch wenn Sie sich nicht mit Astronomie beschäftigen, den Sternenhimmel haben Sie sicherlich schon unzählige Male betrachtet. Denn der Faszination, die unsere Himmelskörper ausstrahlen, kann sich keiner entziehen. Geeignete Motive für die Leinwand gibt es in Hülle und Fülle und mit der vorgestellten Technik können Sie Ihr Wunschbild problemlos umsetzen. Hier ein paar Anregungen.

Wunderbare Erde

Zwei Monde

Die Tiefe des Weltalls wird hier besonders deutlich (Skizze Seite 87). Einer von derzeit 63 bekannten Jupitermonden zieht seine Kreise um diesen fünften und größten Planeten unseres Sonnensystems.

Diesen fantastischen Blick auf die Nordamerikanische Küste – vom Weltall aus betrachtet – habe ich für Sie auf der DVD gemalt. Die Skizze dazu finden Sie auf Seite 87.

TIPP
STATT PAPPTELLER

Wenn ein Pappteller nicht die richtige Größe für Ihr Bild dann schneiden Sie sich einfach eine Schablone aus Papp zurecht. Mit Zirkel und Bleistift können Sie Ihre Planeten jeder gewünschten Größe gestalten.

TIPPS UND TRICKS

Blauer Planet

Wie wäre es, wenn Sie unseren Blauen Planeten (Skizze Seite 87) über dem Mond aufgehen und als Erinnerung an das Treffen mit dem Kometen Hale Bob diesen am Firmament erscheinen lassen?

Sternschnuppe

Dieses kleine Bild (Skizze Seite 87) wird von dem großen Gasplaneten am Nachthimmel dominiert. In seiner Atmosphäre ist deutlich das Aufleuchten einer Sternschnuppe zu sehen.

SKIZZEN

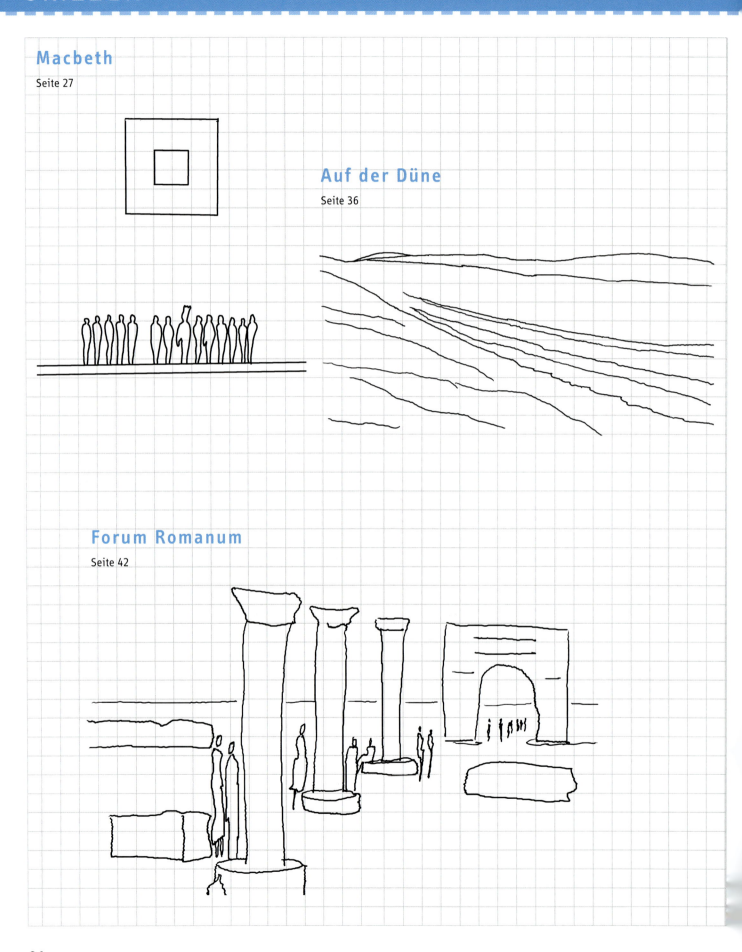

Macbeth
Seite 27

Auf der Düne
Seite 36

Forum Romanum
Seite 42

84

SKIZZEN

Hochsommer in der Toskana
Seite 42

Arches National Park
Seite 43

Figuren
Seite 44

1001 Nacht
Seite 50

Orientalischer Park
Seite 56

Farbenfroher Orient
Seite 56

SKIZZEN

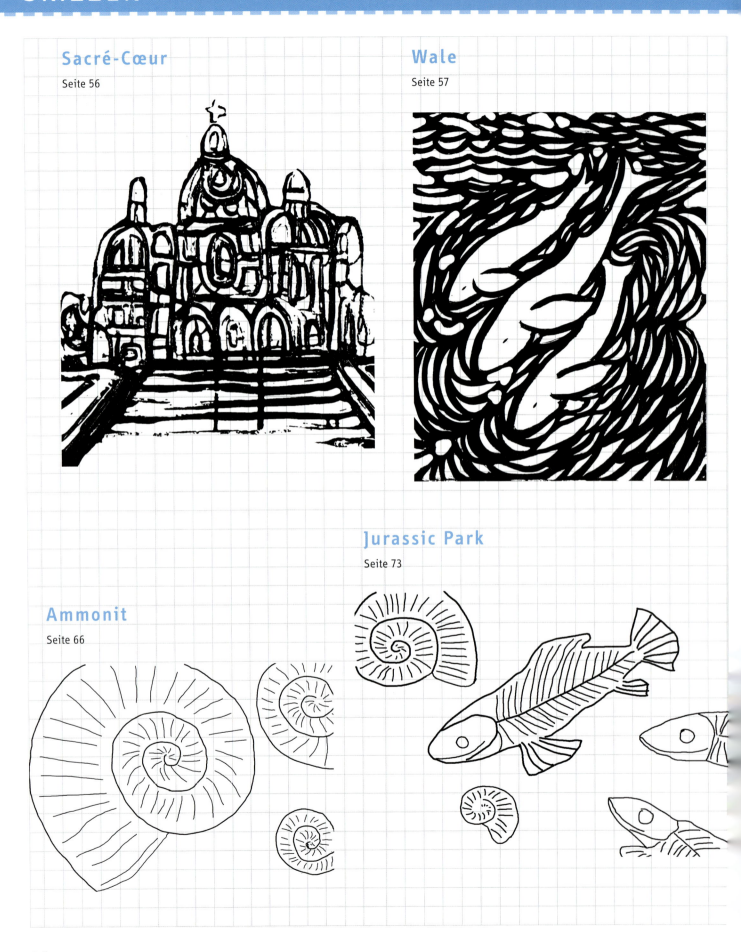

86

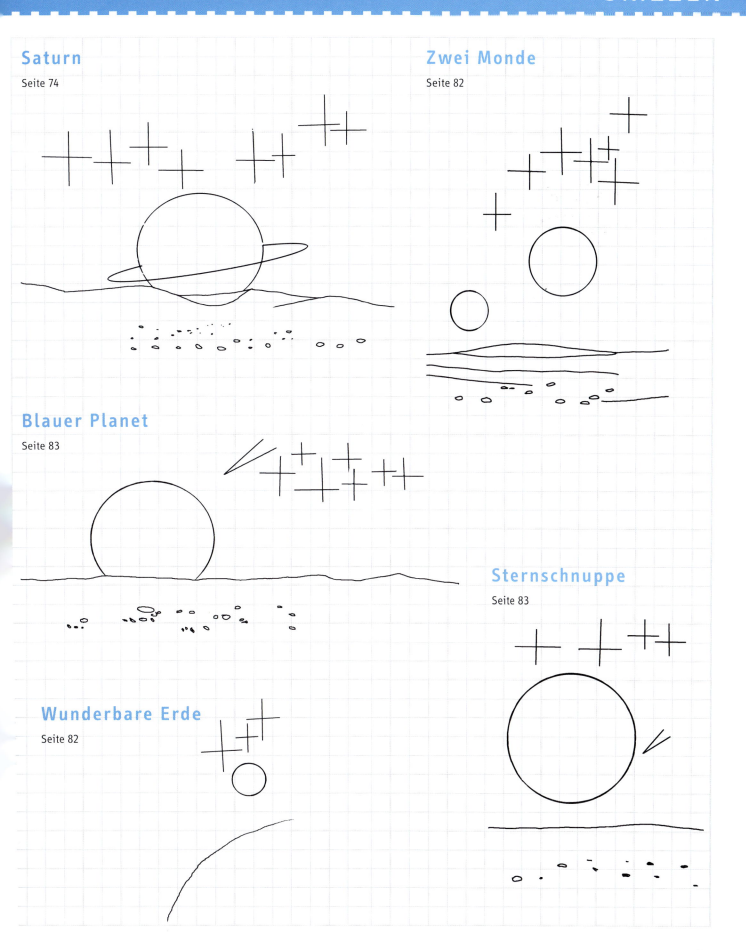

DER AUTOR

Martin Thomas ist seit über 20 Jahren in den Bereichen Illustration und Malerei tätig, seit einigen Jahren verstärkt in der Acrylmalerei. Hauptschwerpunkte seiner Arbeit bilden Kurse und Veranstaltungen zur freien Malerei im deutschsprachigen Raum. Auch im Ausland führte er erfolgreich Schulungen durch und verwirklichte Ausstellungen mit seinen Arbeiten, z. B. in den USA, in England, Belgien und der Schweiz.

Sein Profiwissen an die Kursteilnehmer weiterzugeben, ist sein Ziel. Bereits über 20 000 Teilnehmern hat er so den Umgang mit Leinwand, Pinsel und Farbe beigebracht. Wichtiger als die Technik ist ihm jedoch der Spaß an der Malerei, den er vermitteln möchte.

Nach Stationen in Heidelberg, Hamburg, Dortmund und San Diego (USA) lebt und arbeitet Martin Thomas derzeit in Heilbronn am Neckar.

DER MALKURS MIT SYSTEM

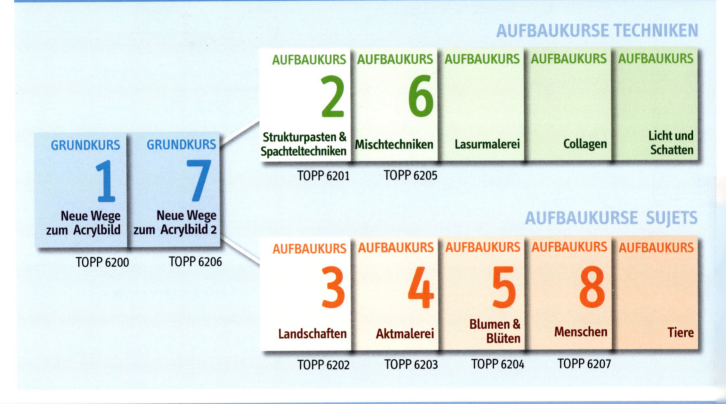

IMPRESSUM

An dieser Stelle möchte ich allen danken, die mich mit Rat, Tat und Unterstützung jeglicher Art bei der Entstehung dieses Buches und der dazugehörigen DVD begleiteten.

KONZEPT UND PROJEKTLEITUNG: Dr. Christiane Voigt
REDAKTION, LEKTORAT UND DREHBUCH DVD: Petra-Marion Niethammer, Stuttgart
GESTALTUNG, UMSCHLAG UND INHALT: Petra Kita, Stuttgart
FOTOS: frechverlag GmbH, 70499 Stuttgart; bit-Verlag/HobbyArt: Seite 5; Fotostudio Ullrich & Co., Renningen: Aufmacherfotos sowie Seite 6, 8, 10, 13; alle anderen Fotos: Martin Thomas
DRUCK UND BINDUNG: frechdruck GmbH, 70499 Stuttgart

Materialangaben und Arbeitshinweise in diesem Buch wurden von dem Autor und den Mitarbeitern des Verlags sorgfältig geprüft. Eine Garantie wird jedoch nicht übernommen. Autor und Verlag können für eventuell auftretende Fehler oder Schäden nicht haftbar gemacht werden. Das Werk und die darin gezeigten Modelle sind urheberrechtlich geschützt. Die Vervielfältigung und Verbreitung ist, außer für private, nicht kommerzielle Zwecke, untersagt und wird zivil- und strafrechtlich verfolgt. Dies gilt insbesondere für eine Verbreitung des Werkes durch Fotokopien, Film, Funk und Fernsehen, elektronische Medien und Internet sowie für eine gewerbliche Nutzung der gezeigten Modelle. Bei Verwendung im Unterricht und in Kursen ist auf dieses Buch hinzuweisen.

Auflage: 5. 4. 3. 2. 1.
Jahr: 2011 2010 2009 2008 2007 [Letzte Zahlen maßgebend]

© 2007 frechverlag GmbH, 70499 Stuttgart

ISBN 978-3-7724-6206-2
Best.-Nr. 6206

Acryl-Malkurse mit Martin Thomas
Die ersten Malkurse mit DVD-Unterstützung

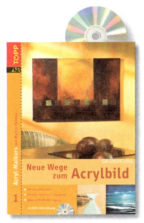
ISBN 978-3-7724-6200-9

ISBN 978-3-7724-6206-1

ISBN 978-3-7724-6201-6

ISBN 978-3-7724-6202-3

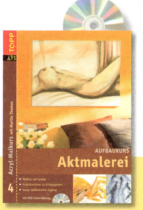
ISBN 978-3-7724-6203-0

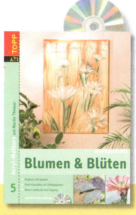
ISBN 978-3-7724-6204-7

ISBN 978-3-7724-6205-4

www – Besuchen Sie uns im Internet!
Im Internet erhalten Sie aktuelle Zusatzinformationen, erfahren Wissenswertes zur Reihe und bekommen Informationen zu Erscheinungsterminen.
Senden Sie uns Ihre Fragen, von denen wir einige im Internet veröffentlichen werden. Und schicken Sie uns Ihre Bilder – nachgemalte und eigene Entwürfe. Wir stellen eine Auswahl davon vor.

www.frechverlag.de/topp-art

DVD ca. 2 Stunden

Auf der beigelegten DVD können Sie mir beim Malen über die Schulter schauen. Anhand von drei Motiven folgen Sie mir auf dem Weg von der noch leeren Leinwand bis hin zum fertigen Bild – vom Auftragen der ersten Farbschicht bis zum letzten Pinselstrich und Feinschliff. Sie sehen, wie man eine Vorzeichnung macht, Strukturen mit Modellierpaste anlegt, Details ausarbeitet und mit Blattmetall vergoldet. Darüber hinaus erhalten Sie jede Menge Profi-Tricks für das Malen von Bildern mit Acrylfarben.

Wissenswertes und raffinierte Techniken
- Farben mischen mit Martins Farbmischkarten
- Strukturen mit Seidenpapier
- Effekte durch Dripping
- Bilder grafisch aufpeppen

Motiv 1: „Sacré-Cœur" – Variante zu „1001 Nacht"
- Vorzeichnung mit Aquarellstift
- Motiv farbig ausarbeiten
- Farbflächen mit Schwarz begrenzen
- Hintergrund mit Schwarz auffüllen
- Mit Blattmetall vergolden
- Signatur mit dem Spitzpinsel
- Ideen-Galerie

Motiv 2: „Jurassic Park" – Variante zum „Ammonit"
- Vorzeichnung mit Aquarellstift
- Strukturen mit Modellierpaste anlegen
- Feinheiten mit dem Colour shaper
- Farbe mit dem großen Borstenpinsel auftragen
- Tiefen mit Vandyckbraun
- Hintergrund und letzte Details
- Ideen-Galerie

Motiv 3: „Wunderbare Erde" – „Saturn" variiert
- Hintergrund/Weltall anlegen
- Erde komplett ausarbeiten
- Weiß für Wolken, Schnee und Atmosphäre auftragen
- Sterne einsprenkeln
- Lichtkreuze gestalten
- Mond als Highlight
- Ideen-Galerie